学校では
教えてくれない
大切なこと 25

プログラミングって何？

IT社会のしくみ

マンガ・イラスト 関　和之（WADE）

旺文社

はじめに

テストで100点《てん》を取《と》ったらうれしいですね。先生《せんせい》も家族《かぞく》もほめてくれます。でも、世《よ》の中《なか》のできごとは学校《がっこう》でのテストとは違《ちが》って、正解《せいかい》が1つではなかったり、何《なに》が正解《せいかい》なのかが決《き》められなかったりすることが多《おお》いのです。

「私《わたし》はプレゼントには花《はな》が良《よ》いと思《おも》う」「ぼくは本《ほん》が良《よ》いと思《おも》う」。どちらが正解《せいかい》ですか。どちらも正解《せいかい》。そして、どちらも不正解《ふせいかい》という場合《ばあい》もありますね。

山登《やまのぼ》りで仲間《なかま》がケガをして動《うご》けない。こんなときは「動《うご》ける自分《じぶん》が方位磁石《ほういじしゃく》にしたがって下《お》りてみる」「自分《じぶん》もこのまま動《うご》かずに救助《きゅうじょ》を待《ま》つ」。どちらが正解《せいかい》でしょう。状況《じょうきょう》によって正解《せいかい》は変《か》わります。命《いのち》に関《かか》わることですから慎重《しんちょう》に判断《はんだん》しなくてはなりません。

このように、100点《てん》にもなり0点《てん》にもなりえる問題《もんだい》が日々《ひび》あふれているの

が世《よ》の中《なか》です。そこで自信《じしん》をもって生《い》きていくには、自分《じぶん》でとことん考《かんが》え、そのときの自分《じぶん》にとっての正解《せいかい》が何《なに》かを判断《はんだん》していく力《ちから》が必要《ひつよう》になります。

本《ほん》シリーズでは、自分《じぶん》のことや相手《あいて》のことを知《し》る大切《たいせつ》さと、世《よ》の中《なか》のさまざまな仕組《しく》みがマンガで楽《たの》しく描《えが》かれています。読《よ》み終《お》わったときには「考《かんが》えるって楽《たの》しい！」「わかるってうれしい！」と思《おも》えるようになっているでしょう。

本書《ほんしょ》のテーマは「プログラミングって何《なに》？」です。「プログラミング」というと、なんだか難《むずか》しそうですね。実《じつ》は、私《わたし》たちは毎日《まいにち》の生活《せいかつ》の中《なか》でたくさんのプログラミングに触《ふ》れているのです。プログラミングは、私《わたし》たちの生活《せいかつ》を便利《べんり》にしてくれます。それだけではなく、そのしくみを理解《りかい》することで、物事《ものごと》を整理《せいり》して考《かんが》える力《ちから》や、他人《たにん》にわかりやすく伝《つた》える力《ちから》を身《み》に付《つ》けることができるのです。

本書《ほんしょ》を読《よ》んで、「プログラミング」の楽《たの》しさや、その可能性《かのうせい》を発見《はっけん》してみましょう。

旺文社

もくじ

はじめに …… 2

この本《ほん》に登場《とうじょう》する仲間《なかま》たち …… 6

プロローグ …… 8

1章《しょう》 コンピューターとプログラミング

身《み》の回《まわ》りにはコンピューターがいっぱい！ …… 14

コンピューターの中《なか》には何《なに》がある？ …… 18

解明《かいめい》！　シンギュラ星人《せいじん》の実態《じったい》 …… 23

プログラムはどうやって作《つく》られるの？ …… 24

コンピューターのことば …… 29

これが惑星《わくせい》シンギュラだ！ …… 30

大事《だいじ》な3つの考《かんが》え方《かた》 …… 32

アルゴの1日《にち》 …… 36

コンピューターの歴史《れきし》 …… 38

プログラミングで身《み》に付《つ》く力《ちから》①　論理的思考力《ろんりてきしこうりょく》 …… 42

2章《しょう》 コンピューターってすごい！

コンピューターは速《はや》い！ …… 44

コンピューターってどれくらい速《はや》いの？ …… 49

コンピューターはサボらない！ …… 50

ラミンがたこ焼《や》きを好《す》きになった理由《りゆう》 …… 56

コンピューターは気《き》づかい上手《じょうず》！ …… 58

他《ほか》にもいる！　気《き》づかい上手《じょうず》 …… 63

アルバイト日誌《にっし》 …… 64

コンピューターはすぐ忘《わす》れる？ …… 66

記《き》おくされたデータはこのように利用《りよう》される！ …… 71

プログラミングで身《み》に付《つ》く力《ちから》②　表現力《ひょうげんりょく》・伝《つた》える力《ちから》 …… 72

3章《しょう》 プログラミングで広《ひろ》がる世界《せかい》

ワクワク映像体験《えいぞうたいけん》……74
あぷりの妄想《もうそう》……79
AR《エーアール》って何《なに》??……80
ヤマタノオロチ対出田《たいいでた》たい焼《や》き本舗《ほんぽ》
仁義《じんぎ》なき戦《たたか》い……82
コンピューターと会話《かいわ》してみよう……84
あぷりの恋《こい》のお悩《なや》み相談室《そうだんしつ》……90
コンピューターで、くらしがますます便利《べんり》に！……92
コンピューターをかしこく使《つか》おう！……98
自《みずか》ら学習《がくしゅう》してプログラムを改善《かいぜん》する!?……104
プログラミングで身《み》に付《つ》く力《ちから》③ 問題解決力《もんだいかいけつりょく》……105
実《じつ》はもっとラミンは見《み》ていた！……106

特別編《とくべつへん》！ ゲームを作《つく》ってみよう……108
知《し》っておきたいコンピューター用語《ようご》……114
エピローグ……116

スタッフ
●編集　廣瀬由衣
●編集協力　有限会社マイプラン
●装丁・本文デザイン
木下春圭　菅野祥恵
（株式会社ウエイド）
●装丁・本文イラスト
関 和之（株式会社ウエイド）
●校正
株式会社ぷれす
●写真協力
アップル・ジャパン
アフロ
東芝エレベータ株式会社
日本マイクロソフト株式会社
任天堂株式会社
理化学研究所

Scratch is a project of the Scratch Foundation, in collaboration with the Lifelong Kindergarten Group at the MIT Media Lab. It is available for free at https://scratch.mit.edu .

する仲《なか》間《ま》たち

手《て》久《く》野《の》めもり

- 明《あか》るく元気《げんき》な小学《しょうがく》３年生《ねんせい》。
- 両親《りょうしん》がたこ焼《や》き店《てん》「ヤマタノオロチ」を
  営《いとな》んでいる。
- たのまれたらイヤとは言《い》えないタイプ。
- たこ焼きはソース味《あじ》が一番《いちばん》好《す》き。

アルゴ

- ラミンのむすこ。
- あるものを見《み》ると成長《せいちょう》する，
  不思議《ふしぎ》な体質《たいしつ》。
- 成長《せいちょう》が完了《かんりょう》
  すると…？

ラミン

- なぞの星《ほし》からやってきた
  イカ型《がた》の宇宙人《うちゅうじん》。
- 三度《さんど》の飯《めし》よりたこ焼《や》きが好《す》き。
- 一児《いちじ》の母《はは》。

この本《ほん》に登《とう》場《じょう》

あらよっと！

手《て》久《く》野《の》家《け》

手《て》久《く》野《の》路《ろ》次《じ》

- めもりの父《ちち》。
- たこ焼《や》き作《づく》りに対《たい》する
こだわりはだれにも
負《ま》けない。
- 妻《つま》の舞子《まいこ》には
頭《あたま》が上《あ》がらない。

手《て》久《く》野《の》舞《まい》子《こ》

- めもりの母《はは》。
- しっかり者《もの》で，
おこらせると
こわい。

諏《す》間《ま》保《ほ》あぷり

- おしゃれなイマドキの
小学《しょうがく》３年生《ねんせい》。
- 自称《じしょう》「恋《こい》のカリスマ」。

恋のてほどき

出《い》田《で》円《たえ》治《んじ》

- 新《あたら》しいもの好《ず》きの
小学《しょうがく》３年生《ねんせい》。
- 「出田《いでた》たい焼《や》き本舗《ほんぽ》」の
むすこで，めもり
とは幼《おさな》なじみ。

ジュ〜〜…
ヤマタノオロチ
たこ
はんじょうしてますわね★
グルメサイト、「イカすグルメ」でものきなみ高評価《こうひょうか》ですし…。
イカすグルメ
カチッ
スーーッ
たこやき ヤマタノオロチ
4.5点《てん》
・早《はや》い！安《やす》い！うまい！
・とにかくおいしい
・キレイ！
ヤマタノオロチ
…うん！
蛸《たこ》
たこに似《に》てる地球人《ちきゅうじん》
たこ焼《や》きとは？
たこたこ たこたこ
TA KO
たこ焼《や》き WIKI
地球《ちきゅう》のたこ焼《や》き オススメ トップ10
おいしいたこ焼《や》き100選《せん》
わたくし、ここに決《き》めましたわ！

キーン
コーン
さーて。
ナンボでっか〜♪
ホンマでっか〜♪
帰《かえ》って「オープン恋路《れんじ》の48時《じ》間《かん》耐《たい》久《きゅう》チャ恋《れん》路《じ》TV《テレビ》」を見《み》ようかねえ★
♪〜
!?
シュウゥゥゥ…
な…なんだってんだい？
こりゃあ…？
UFO《ユーフォー》？
アート作品《さくひん》？
ガコッ！

あいたたたー…。
でございますわ！
ミュルポン
イカ!?
ここはどこかしら？
キョロ キョロ
イカがしゃべってる…！
ドキドキ ドキドキ
あら、あなた。
ギクゥ
このお店《みせ》を知《し》りませんこと？
ムゥゥゥン…
ヤマタノオロチ
！
そ…それはうちだけど…。

まあ★なんというぐう然《ぜん》！
やったー♪
ぜひとも連《つ》れていってくださいまし！
イカを…!?
ああ、そうね。
ポリポリ
よいしょ！
ポムッ！
あなたたち地球人《ちきゅうじん》にはこちらのほうが都合《つごう》がよいかしら？
地球人《ちきゅうじん》？
もういろいろビックリだよ…
あんた宇宙人《うちゅうじん》なのかい？
わたくしはラミン！
シンギュラ星《せい》の第一王女《だいいちおうじょ》ですわ！
この子《こ》はむすこのアルゴ王子《おうじ》。

あなたは?
あたし?
あたしゃ手久野《てくの》めもり。小学《しょうがく》3年生《ねんせい》だよ。
めもり!いい名前《なまえ》ですこと!
ね…ねえ、さっきのは魔法《まほう》かい?
ポム・ン!とかいってた…
そうですわね…。魔法《まほう》…。
テクノロジーという名《な》の魔法《まほう》…。
説明《せつめい》しよう!
ハーイ♪
本体《ほんたい》
頭《あたま》に乗《の》って首《くび》に巻《ま》きつく
地球人《ちきゅうじん》なりきりボディ
専用《せんよう》ケース付《つ》き!
なんかこんな感《かん》じだ!
そ…、そう…。
巻《ま》きついてるだけなんだね…
そんなことよりいっこくも早《はや》く!
ジュワ〜
早《はや》くぅ!
お店《みせ》に連《つ》れてってくれませんこと!?
ダッ
バタ
こいつ…!
たこ焼《や》きが目当《めあ》てか…!!
イカのくせに!

1章《しょう》

コンピューターとプログラミング

たっこやっき♪
たっこやっき♪
テイン
テイーン
よほどヒマなんだねぇ…
たこ焼《や》きのためにわざわざ宇宙《うちゅう》からやってくるなんてねぇ…。
まあ、本当《ほんとう》の目的《もくてき》は別《べつ》にあるんですけど…。
本当《ほんとう》の目的《もくてき》？
それは後《のち》ほど説《せつ》明《めい》しますわ〜
！
ピクッ
ペカー！！
わ！赤《あか》ちゃんの目《め》が光《ひか》った！
よしよし、アルゴ。コンピューターに反応《はんのう》したのね。
えらいわ！
コンピュータァ!?
ほら！あそこ！
あの自動《じどう》はん売機《ばいき》が？
ビン・カン

中《なか》にコンピューターが入《はい》っているじゃない。
いやいや、コンピューターってパソコンとかでしょ？
!
それもそうですけど、それだけじゃ…。
ピコ
ほい来《き》たぁっ！
ヘーイ♪
また!?
スマホの中《なか》にもコンピューターが入《はい》ってますわね。
まーた迷惑《めいわく》メールかぁ…
ピカー
今度《こん ど》は何《なに》!?
あの信号《しんごう》ですわ！
あの中《なか》にもコンピューターが!?
まだまだありますわよ～っ！
ついてらっしゃい!!
メリョオッ

身《み》の回《まわ》りにあるコンピューターで動《うご》くもの

エアコン
電子《でんし》レンジ
テレビ
カメラ
ゲーム機《き》
自動車《じどうしゃ》
電車《でんしゃ》
ロボット
コンピューターがなかったら、全部《ぜんぶ》使《つか》えませんのよ〜っ！
イヤッホーウ♪
え〜っ
すごく困《こま》るじゃないのさー！
っていうか生きていけないっ!

アルゴはどんなコンピューターにも、ちゃんと反応《はんのう》するの。
初《はじ》めて見《み》るものだけね
かーわいーい♥
ふーん…。
さ！着《つ》いたよ。
ロチ
いよいよね！
たっこやっきくださいな～♪
ガラッ
おう？
ギャ～！
こっえ!!
い…、いらっしゃいませ…。
ヘナ～～
し…しどい…
うちの店員《てんいん》さんだよ…。
こわい人《ひと》じゃないよ…
あら～…。そうなの～？
アハハ…
思《おも》わず…
ごめんあそばせ～…。

あら、
お客《きゃく》さん？
あ、母《かあ》ちゃん。
おかみさん！チーッス！
ペコッ
ごめんなさい、
まだお店《みせ》
準《じゅん》備《び》中《ちゅう》なの…。
ガビ〜〜ン
そこをなんとかーっ！
ギャーギャー
宇宙船《うちゅうせん》に乗《の》って来《き》たのにーっ！
ガッデム！
ひぃぃ！
バタ
ジタ
バン
バンバン
子《こ》どもか…
宇《う》宙《ちゅう》？
なんでぃ、
さわがしい！
ウチュウだか
アイウォンチュウだか
知《し》らねえが、オレっちの
たこ焼《や》きを食《く》いに
来《き》たんだろう!?
父《とう》ちゃん！
ザ・漢《おとこ》!!
作《つく》ってやろう
じゃねえか！
ちょっと待《ま》ってな！
ダンナさん！
チーッス！

あ！
ギュゥゥゥ〜ン…
また光《ひか》った！
今度《こんど》は何《なに》に反応《はんのう》したんだろ？
おー よしよし
キョロ
キョロ
んー…。
たぶん あれですわね。
ピーーーッ
ああっ！ 目《め》があ!!
冷蔵庫《れいぞうこ》？
冷蔵庫《れいぞうこ》の中《なか》にも コンピューターが 入《はい》っているの ですわ！
テッテレ〜♪
何《なん》のために 入《はい》ってるの？
冷蔵庫《れいぞうこ》のいろいろな 部分《ぶぶん》に指示《しじ》を出《だ》す ためですわね。
キリッ

冷蔵庫《れいぞうこ》の中《なか》はどうなっている!?

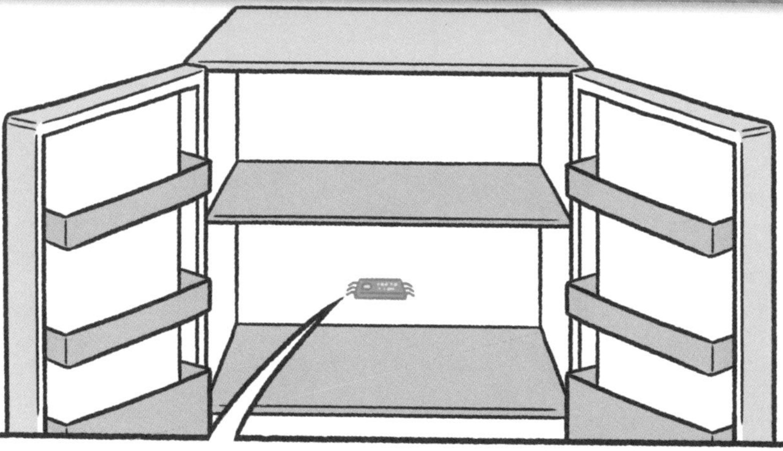

冷蔵庫《れいぞうこ》の中《なか》にあるコンピューター部分《ぶぶん》に，プログラムという指示書《しじしょ》が入《はい》っていて，それをもとに指示《しじ》を出《だ》している。

指揮官《しきかん》
（これがいわゆるコンピューターである！）
冷蔵庫内《れいぞうこない》を5度《ど》まで冷《ひ》やせ！
ラジャ！
ピッ
指示書《しじしょ》
（これがいわゆるプログラムである！）
30秒《びょう》以上《いじょう》トビラが開《ひら》いていたら，音《おと》を鳴《な》らせ！
ラジャ！
ピッ
コンピューターのこの部分《ぶぶん》は，人間《にんげん》の脳《のう》のような役割《やくわり》を果《は》たしていますのよ！

ヘイ
お待《ま》ちぃ！
バ
スッ
はむっ…
ドキ
ドキ
ウマーッ！
ピ
ッ
これこそ
わたくしが求《もと》めていた
たこ焼《や》きですわ～!!
ピカァ
ウオォォォォ！
大《おお》げさな…
ありがとう
ございます！
ザザザ
感《かん》謝《しゃ》の土《ど》下《げ》寝《ね》
さっそく
このおいしさを
宇宙《うちゅう》に広《ひろ》めて
きますわ！
へへン♪
いいってことよ！

では、おつじゃましました～★
あ…！ちょいと！
本当《ほんとう》の目的《もくてき》って何《なん》だったのさ？
まあ、本当《ほんとう》の目的《もくてき》は別《べつ》にあるんですけど…。
本当《ほんとう》の目的《もくてき》？
………？
ホントノモクテキ？
あ～っ！
はいはい！あれね！
忘《わす》れてたな…!!
わたくしたちが地球《ちきゅう》に来《き》た本当《ほんとう》の目的《もくてき》…。
引《ひ》っ越《こ》し先《さき》を探《さが》してる…？
地球侵略《ちきゅうしんりゃく》とか…!?
ドキドキ
ドキドキ
あれぇ…？オレっちのたこ焼《や》きを宇宙《うちゅう》に広《ひろ》めるためじゃねえのか？
ちがうの？
子育《こそだ》て…のためかな…？
ん――…
それは…！

解明《かいめい》！シンギュラ星人《せいじん》の実態《じったい》

❶みんな，イカのような姿《すがた》をしている。

❷地球《ちきゅう》に行《い》くときだけ，地球《ちきゅう》の人《ひと》をおどろかせないよう，ヒト型《がた》のスーツを着《き》る。

これカワイー♥
届《とど》いたー♪
イエイ♪

❸コンピューター用語《ようご》に由来《ゆらい》のある名前《なまえ》が，かっこいいとされている。

プログラミング
ラミン
アルゴリズム
アルゴ

その他《ほか》，実《じつ》は成長《せいちょう》する過程《かてい》にも
ヒミツがありますのよ。

赤《あか》ちゃんを育《そだ》てるぅ？
アルゴはコンピューターに反応《はんのう》して、成長《せいちょう》しますの。
子《こ》育《そだ》て!?
当《あ》たった…!
グッ
ホッ
ピー
ピー
あ、お湯《ゆ》がわいた。
何《なに》に反応《はんのう》してるの？
ポットのようですわね。
キュピーーン!!
ポットにも立派《りっぱ》なコンピューターが入《はい》っていますのよ。
ねー♪
お湯《ゆ》をわかすだけなのに？

プログラムはこうやって作《つく》られている！

プログラムは，「プログラミング言語《げんご》」という専用《せんよう》の言葉《ことば》で書《か》かれたものが，コンピューター内《ない》に設定《せってい》される。

水《みず》をふっとうさせてから，90 度《ど》以上《いじょう》で保温《ほおん》…っと！
ターン！
カタカタ

一見《いっけん》じゅもんのようですけど，ここにはいろいろな指示《しじ》が書《か》きこまれているのですわ！

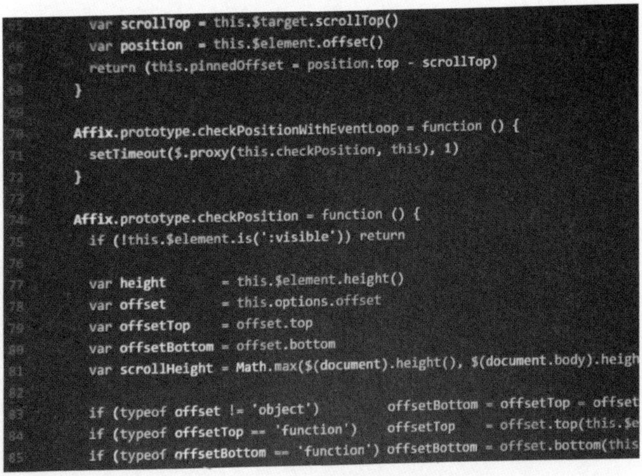

var scrollTop = this.$target.scrollTop()
var position = this.$element.offset()
return (this.pinnedOffset - position.top - scrollTop)
}
Affix.prototype.checkPositionWithEventLoop = function () {
setTimeout($.proxy(this.checkPosition, this), 1)
}
Affix.prototype.checkPosition = function () {
if (!this.$element.is(':visible')) return
var height = this.$element.height()
var offset = this.options.offset
var offsetTop = offset.top
var offsetBottom = offset.bottom
var scrollHeight = Math.max($(document).height(), $(document.body).heigh
if (typeof offset != 'object') offsetBottom = offsetTop = offset
if (typeof offsetTop == 'function') offsetTop = offset.top(this.$e
if (typeof offsetBottom == 'function') offsetBottom = offset.bottom(this

※ プログラムはイメージです。

シンギュラ星《せい》のコンピューターは、地球《ちきゅう》に比《くら》べてとても進歩《しんぽ》してますの。
赤《あか》ちゃんには刺激《しげき》が強《つよ》すぎて…
ヌーーン
ドーゾ
ドーモ
地球《ちきゅう》のコンピューターは、子育《こそだ》てにちょうどよいレベルですのよ。
ラミンとアルゴが地球《ちきゅう》にやってくるまで…
ラミン
お父《とう》サマ!?
え!? 地球《ちきゅう》に留学《りゅうがく》!?
そんな急《きゅう》に!?
シンギュラ王《おう》
思《おも》いついちったんだもん!
アルゴ
王室《おうしつ》の者《もの》は特別《とくべつ》じゃ。
みんなシンギュラでがんばってるのに!
王室《おうしつ》ばっかりいいなー!
ブー
ブー
民衆《みんしゅう》
ひいい!!
わたくしだって知《し》らなかったのよ!
この子《こ》が地球《ちきゅう》に無事《ぶじ》留学《りゅうがく》できるようにするため、いろんな苦労《くろう》がありましたわ…。
ハハ… ハハハハ…
遠《とお》い目《め》!
宇宙船《うちゅうせん》なんて操縦《そうじゅう》したことないし!
免許《めんきょ》も持《も》っていませんのに!
ただちに…
じゃ、覚《おぼ》えてください。

そんなこんなで…。
この子《こ》を立派《りっぱ》な王子《おうじ》に育《そだ》てるのが、わたくしの使命《しめい》…。
だー
あんたも大変《たいへん》なんだねぇ…。
くぅっ…!
パ
いいじゃねえか…! 女《おんな》手《で》ひとつで子《こ》育《そだ》てたぁ…。
オレっちはモーレツに感動《かんどう》しちまったぜ…!
ぐしっ
子《こ》育《そだ》ての大変《たいへん》さは、オレっちにもわかるからよぅ…!
ピクッ!
マァっ!
なにがわかるだい!
店《みせ》のことばっかで子《こ》守《も》りはあたしにまかせっきりでさ!
母親《ははおや》のことはね! 母《はは》親《おや》にしかわからないんだよぉ!
いや…、それはあの…、その…。
ひぃぃっ

オレっちだって
がんばってたんだぜぇ…?
わかってるよぉ…
あんたさえよければ、しばらくうちに置《お》いてあげるよ!
本当《ほんとう》ですこと!?
あんたもいいね!?
あ…、あたぼうよ!
ゴホン!
ワワッ
部屋《へや》なら余《あま》ってんだろ!
余《あま》ってたっけ…?
…って、
ウ〜〜〜
あたしの部屋《へや》かーい!!
ねぞうわるっ!!

コンピューターのことば

```
import android.graphics.Color;
import android.os.Bundle;
import android.support.v4.view.ViewPager;
import android.support.v7.app.AppCompatActivity;
import android.support.v7.widget.Toolbar;
import android.view.animation.AccelerateInterpolato
import android.view.animation.DecelerateInterpolato
import android.widget.LinearLayout;

import com.astuetz.PagerSlidingTabStrip;

import mememe.ninegag.adapter.TabAdapter;

/**
```

こんなじゅもんがわかるなんて，コンピューターってやっぱりかしこいんだねぇ。

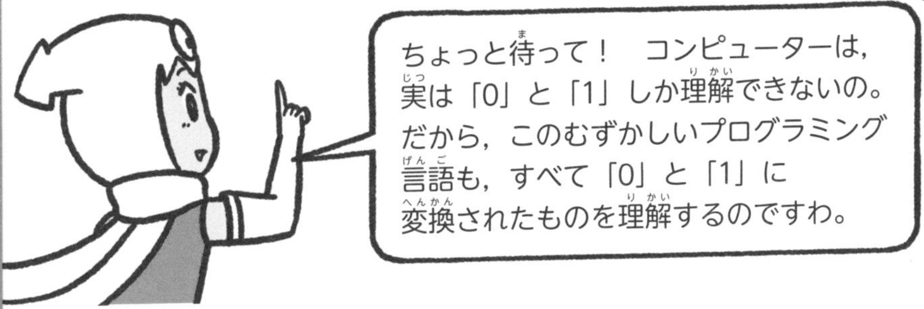

ちょっと待《ま》って！　コンピューターは，実《じつ》は「0」と「1」しか理解《りかい》できないの。だから，このむずかしいプログラミング言語《げんご》も，すべて「0」と「1」に変換《へんかん》されたものを理解《りかい》するのですわ。

例《れい》

プログラミング言語《げんご》
#include 〈stdio.h〉

→

機械語《きかいご》
0101…

プログラムはすべて，「0」と「1」の機械語《きかいご》に変換《へんかん》してコンピューターに伝《つた》えられている。

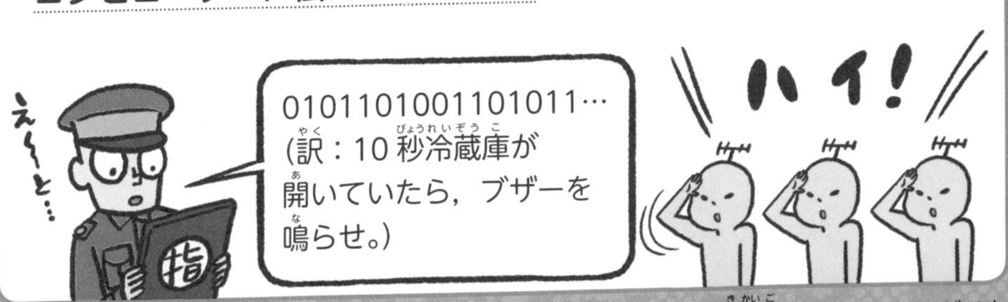

え〜と…
0101101001101011…
(訳《やく》：10秒冷蔵庫《びょうれいぞうこ》が開《あ》いていたら，ブザーを鳴《な》らせ。)
指
ハイ！

※このページの機械語《きかいご》は，すべてイメージです。

これが惑星《わくせい》シンギュラだ！

ラミンが住《す》んでいる
シンギュラ王宮《おうきゅう》。
自動《じどう》おそうじ
ロボット
これが
わたくしが生《う》まれた
星《ほし》ですわ！
超高速《ちょうこうそく》で移動《いどう》できる。
もちろん自動操縦《じどうそうじゅう》！

室内《しつない》にいながら，好《す》きな映像《えいぞう》，におい，温度《おんど》などをバーチャルリアリティー（➡ p.74）で体感《たいかん》できる。
立体映像《りったいえいぞう》を空中《くうちゅう》に投影《とうえい》している。
機械《きかい》が熱《ねつ》や心拍数《しんぱくすう》などをしゅん時《じ》に測《はか》って，健康状態《けんこうじょうたい》や病状《びょうじょう》を診断《しんだん》。
イカバーガー
MENU
おくすり
自動《じどう》で薬《くすり》を調合《ちょうごう》し，提供《ていきょう》してくれる。
注文《ちゅうもん》すれば，機械《きかい》が料理《りょうり》を出《だ》してくれる。

ふあ～っ…。よくねむれましたわ。
全《ぜん》っ然《ぜん》ねむれなかった…！
おはよ～…。
ムニャ…
おう？なんでぃ、ねむそうだな！
よーし！モーニングたこ焼《や》き作《つく》ってやる！
シャキッとするぜぇ？
え～!? また!? こないだも…。
ムギュ!!
なんですの、それ！超《ちょう》ステキング！
だろう？
フフッ

じゅ〜〜っ
どうやったらそんなに手際《てぎわ》よく作《つく》れますの？
♪
簡単《かんたん》でい！
体《からだ》が覚《おぼ》えてるってもんよ！
テキ
パキ
お父《とう》サマには、焼《や》き方《かた》がしっかりプログラムされてますのね！
続《ぞく》・ステキング！
キラ〜ン
あ…。また反応《はんのう》した。
父《とう》ちゃんに反応《はんのう》したの？
お父《とう》サマの行動《こうどう》をプログラムすれば、たこ焼《や》きロボットが作《つく》れますわね…。
カチャ
カチャ
なんでいテメエは⁉
ヘイ、ラッシャイ！
ヘイ、ラッシャイ！
そうすれば無数《むすう》のたこ焼《や》きがわたくしのものに…
ヒーッヒッヒッヒ
なにかよからぬものを感《かん》じるねぇ…

プログラミングはこの3つの考《かんが》え方《かた》で成《な》り立《た》つ！

●順次《じゅんじ》（順番《じゅんばん》を正《ただ》しく守《まも》る）

ジュー
生地《きじ》を作《つく》る
生地《きじ》を流《なが》す
具材《ぐざい》をのせる

●分岐《ぶんき》（状《じょう》きょうに応《おう》じて動作《どうさ》を変《か》える）

音《おと》がしてきた…。
フチが焼《や》けてきた…。
いいにおいがしてきた…。
あらよっと！
クルッ!!
ころあいを見《み》てひっくり返《かえ》す。

テキトーなときにひっくり返《かえ》して！
テキ…トー…？
？
コンピューターは，あいまいな指示《しじ》ではわからない!!

●くり返《かえ》し（適切《てきせつ》なところまでくり返《かえ》す）

たこ焼《や》き 100 個《こ》作《つく》って！
よろしくね！
クルッ!!
くり返《かえ》す
つかれるぜぇ
ふーっ

あいまいな指示《しじ》では，プログラミングは成立《せいりつ》しませんの。数値《すうち》や順番《じゅんばん》をきちんと示《しめ》すことが重要《じゅうよう》ですわ！

デーン
うえ…。
みそ汁《しる》にまで入れてるよ…
ヌタァ…
いっただっきまーす★
うまし!
ボーノ ボーノ♪
どれもこれもうましですわ!
ビシィ
やっぱり!?
そーかい そーかい!
んじゃあ、食後《しょくご》にたこ焼《や》きコーヒーなんてどうよ!?
プカァ…
コレコレ!
やったーー!
ぜひいただきますわ!
もう勝手《かって》にやってなさい…。

アルゴの1日《にち》

起《お》きる
ZZZ…
パチクリ
ごはんを食《た》べる
あーん…
今朝《けさ》もたこ焼《や》き…
お散歩《さんぽ》
シンギュラ星《せい》乳母車《うばぐるま》『ベビイカー』
どんどん成長《せいちょう》してねー
成長《せいちょう》ゲージ
ピカー‼
グイー
おやつを食《た》べる
うまし ですわ♪
ガラララ
ただいまー！

テレビを見《み》る
ババーン シャキィン!
大《おお》江《え》戸《ど》捕《とり》物《もの》帳《ちょう》
地《じ》獄《ごく》道《どう》中《ちゅう》膝《ひざ》栗《くり》毛《げ》
スペシャル
お! 時代劇《じだいげき》やってらぁ。
ダメー!! チャンネル変《か》えてくださいまし!
アルゴはアナログな時代《じだい》のものを見《み》ると、成長《せいちょう》が止《と》まって元《もと》にもどってしまいますの!
御《ご》用《よう》
キーッ
時代劇《じだいげき》なんてもってのほか!
成長《せいちょう》ゲージ
トゥ〜〜〜ン…
そうなの?!
好《す》きだぜ…あまりにも…
ケンゴ…
これなら安心《あんしん》ですわ☆
はぁ…♥
ケンゴ…♥
アルゴはねむっちまってるから、関係《かんけい》ねぇだろ…。
ねる
自《じ》分《ぶん》がそれ見《み》たいだけだろ…

コンピューターの歴史《れきし》

今《いま》や日常生活《にちじょうせいかつ》に欠《か》かせない
コンピューターの歴史《れきし》について
紹介《しょうかい》しますわよ。

約《やく》2200年前《ねんまえ》 ギリシャ	**歯車式計算機《はぐるましきけいさんき》(アンティキティラ島《とう》の機械《きかい》)ができる** 天体《てんたい》の動《うご》きを計算《けいさん》するために発明《はつめい》された。 
1642年《ねん》 フランス	**パスカルが機械式計算機《きかいしきけいさんき》を作《つく》る** たし算程度《ざんていど》しかできなかった。
1904年《ねん》 イギリス	**真空管《しんくうかん》という，電気《でんき》で動《うご》くスイッチが発明《はつめい》される** 
1942年《ねん》 アメリカ	**真空管《しんくうかん》を使《つか》った，世界最初《せかいさいしょ》の電子計算機《でんしけいさんき》ABC《エービーシー》が完成《かんせい》** 

※ 発明《はつめい》された国《くに》や年代《ねんだい》には，いろいろな説《せつ》があります。

1940年代《ねんだい》
アメリカ

ENIAC《エニアック》誕生《たんじょう》

世界《せかい》で最初《さいしょ》に実用化《じつようか》された真空管式《しんくうかんしき》コンピューターと考《かんが》えられている。重《おも》さは約《やく》30トンで，165平方《へいほう》メートルの広《ひろ》さを必要《ひつよう》としたが，性能《せいのう》は現在《げんざい》の電《でん》たく以下《いか》だった。

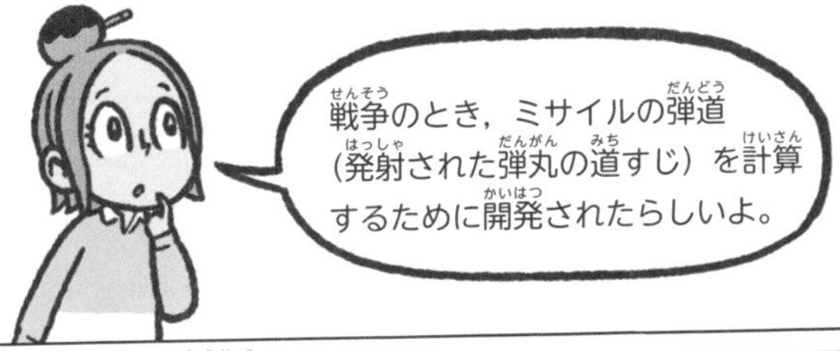
戦争《せんそう》のとき，ミサイルの弾道《だんどう》(発射《はっしゃ》された弾丸《だんがん》の道《みち》すじ）を計算《けいさん》するために開発《かいはつ》されたらしいよ。

1948年《ねん》
アメリカ

トランジスタ登場《とうじょう》

真空管《しんくうかん》よりもずっと小型《こがた》のスイッチ。

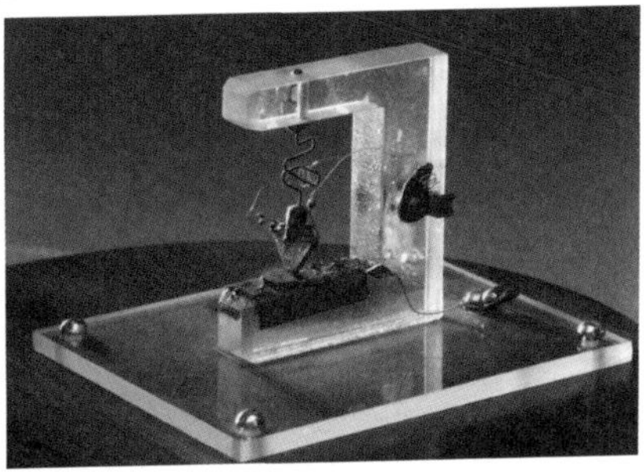

1950年代《ねんだい》
日本

トランジスタ式《しき》コンピューター登場《とうじょう》

これまでのものに比《くら》べて小《ちい》さくなり，使《つか》う電力《でんりょく》も少《すく》なくてすむようになった。

1970年代《ねんだい》
アメリカ

「Apple Ⅰ《アップルワン》」発売《はつばい》

アップル社《しゃ》が初期《しょき》に作《つく》ったマイクロコンピューター。

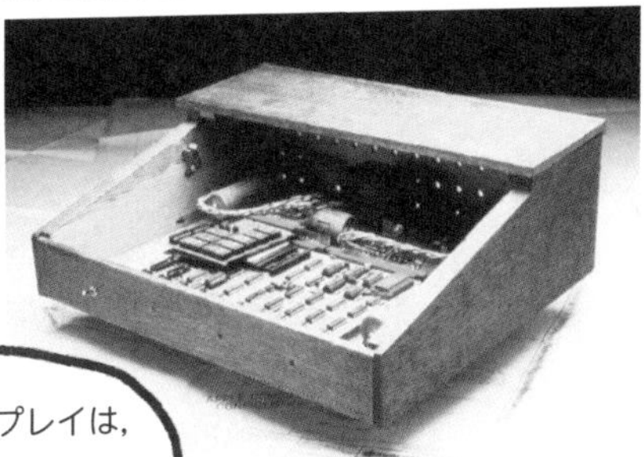

キーボードやディスプレイは，別《べつ》に用意《ようい》する必要《ひつよう》がありましたのよ。

1970年代《ねんだい》
アメリカ

「Apple Ⅱ《アップルツー》」発売《はつばい》

アップル社《しゃ》によって個人《こじん》向《む》けに作《つく》られた，パーソナルコンピューター。

キーボードなど，必要《ひつよう》なものは最初《さいしょ》からついていた。当時《とうじ》1台《だい》30万円《まんえん》ほどだったが，世界中《せかいじゅう》で約《やく》500万台《まんだい》売《う》れた。

スゲー
大金《たいきん》だ…
今《いま》の価値《かち》にすると，45万円《まんえん》ぐらいらしいぞ…。

1980年代《ねんだい》
日本

「ファミリーコンピュータ」発売《はつばい》

任天堂《にんてんどう》が作《つく》った，家庭用《かていよう》ゲーム機《き》。全世界《ぜんせかい》で6000万台《まんだい》以上《いじょう》売《う》れた大《だい》ヒット商品《しょうひん》。

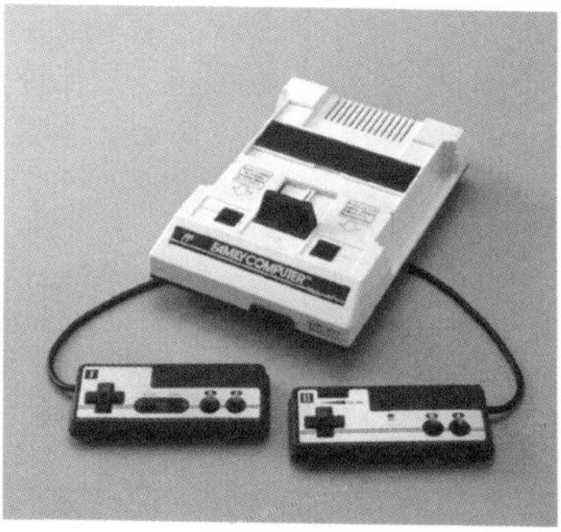

ピコ
ピコ
ボギャー

1990年代《ねんだい》
アメリカ

「Windows 95《ウィンドウズ》」発売《はつばい》

マイクロソフト社《しゃ》が販売《はんばい》した，コンピューターを動《うご》かすためのソフトウェア。

インターネットが家庭《かてい》にふきゅうするきっかけになったといわれている。価格《かかく》は2万《まん》9800円《えん》。

Microsoft
Microsoft
Windows 95
Upgrade

2000年代《ねんだい》
アメリカ

「iPod《アイポッド》」発売《はつばい》

アップル社《しゃ》が販売《はんばい》した，けい帯型《たいがた》デジタル音楽《おんがく》プレーヤー。

「iPhone《アイフォーン》」発売《はつばい》

アップル社《しゃ》が販売《はんばい》した，スマートフォン。
指《ゆび》でディスプレイをタッチして操作《そうさ》するようになった。

「iPad《アイパッド》」発売《はつばい》

アップル社《しゃ》が販売《はんばい》した，タブレット型《がた》コンピューター。

シンギュラ星《せい》のコンピューターにはまだまだおよびませんが，さまざまな企業《きぎょう》のこうけんにより，地球《ちきゅう》のコンピューターも進歩《しんぽ》してますわ。

プログラミングで身《み》に付《つ》く力《ちから》❶
～論理的思考力《ろんりてきしこうりょく》～

コンピューターは，「整理《せいり》された命令《めいれい》」にしたがって動《うご》く！

水出《みずだ》して洗《あら》って～，しっかりかわかしてね～。タオルはふんわり仕上《しあ》げてほしいんだよね～。あ，そうそう。水《みず》の量《りょう》は多《おお》くしてね！
何《なに》をどの順番《じゅんばん》でするの？
❶洗《せん》たくものの重《おも》さを量《はか》って，❷重《おも》さに応《おう》じた量《りょう》の水《みず》を入《い》れて，❸洗《あら》ってだっ水《すい》し，❹かんそうさせてね。
了解《りょうかい》！

伝《つた》える順序《じゅんじょ》や内容《ないよう》を論理的《ろんりてき》に考《かんが》えることは，学校生活《がっこうせいかつ》や社会《しゃかい》でも役《やく》に立《た》つよ！

この道《みち》をまっすぐ行《い》って，書店《しょてん》の角《かど》を曲《ま》がったところに…。あ！ とちゅうで横断歩道《おうだんほどう》もわたってください。あれ？ 横断歩道《おうだんほどう》の前《まえ》にスーパーがあったかな…？
あたふた
はあ？
この道《みち》をまっすぐ行《い》って右手《みぎて》にスーパーが見《み》えたら，次《つぎ》の横断《おうだん》歩道《ほどう》をわたってまっすぐ行《い》ってください。しばらくすると左手《ひだりて》に書店《しょてん》が見《み》えてくるので，次《つぎ》の角《かど》を左《ひだり》に曲《ま》がってください。
キリィ
ナイス！

論理的《ろんりてき》とは…筋道立《すじみちだ》てて整理《せいり》された考《かんが》え方《かた》のこと。感情《かんじょう》や直感《ちょっかん》にたよらずに，だれにとっても納得《なっとく》できる正《ただ》しい手順《てじゅん》で考《かんが》えることを，「論理的《ろんりてき》に考《かんが》える」というよ。

2章《しょう》

コンピューターってすごい！

コンピューターは速《はや》い！

え〜っと…、1000円《えん》足《た》す250円《えん》は…。
カチャ
カチャ
ブツ
ブツ
レシート
お金《かね》の計算《けいさん》？
割《わ》ることの…
バーローがてやんでえだから…
ブツ
ブツ
あーっ!!
また余計《よけい》なもの買《か》ってる!!
うぴゃあ！
ドキィ
ゴトッ
ビショオ…
あ〜あ…。
電《でん》たくこわれちったよ…。
手《て》計算《けいさん》じゃ時間《じかん》かかるしよ！
あら〜。
じゃ、中《なか》に入《はい》って見《み》てみましょっか。
お！
行《い》くわよ、めもり！
フシュゥゥウゥ…
エ〜〜ッ!!

シンギュラ星人《せいじん》は、自在《じざい》にコンピューターの中《なか》に入《はい》ることができますの。
スゴーイ！
このように移動《いどう》もラクラクですわ。
いたいた！
ビショオ…
電気《でんき》の精《せい》
ハーイ！かわかしましょうねー。
直《なお》しビーム!!
ピ
ジュゥゥゥ…
おお…！
キセキだ！
お父《とう》サマー！ためしに計算《けいさん》してみてくださいましー！
お…、おうともよ！
1足《た》す5万《まん》は…
カチャ
カチャ
ガッチョ
ガッチョ
ガッチョ
ガッチョ
ガッチョ
ガッチョ
ガッチョ
復活《ふっかつ》しましたわ！
速《はや》っ!!

徹底解剖《てっていかいぼう》！

電《でん》たくのヒミツ

123456

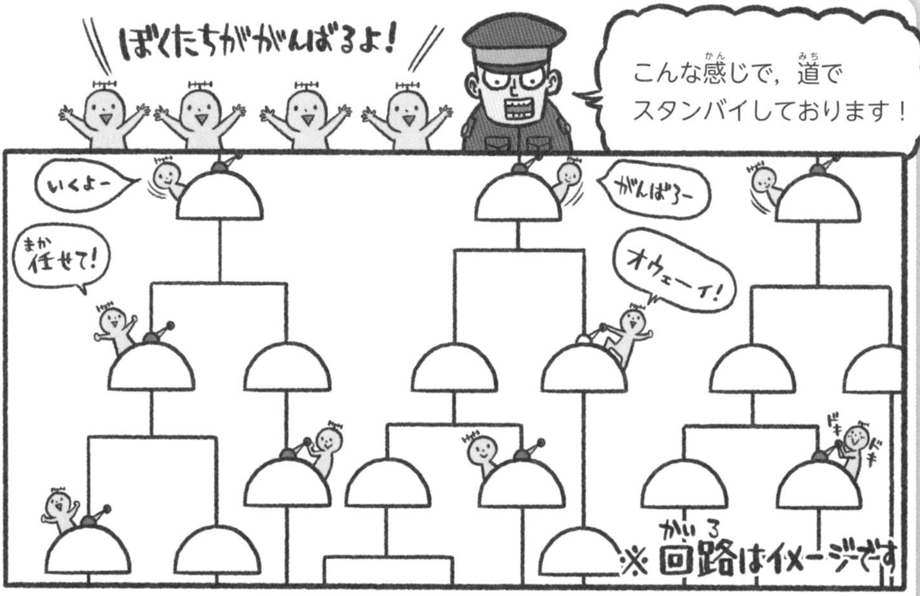

ぼくたちががんばるよ！
こんな感《かん》じで，道《みち》で
スタンバイしております！
いくよー
がんばろー
任《まか》せて！
オウェーイ！
ドキドキ
※回路《かいろ》はイメージです

電気止《でんきと》めるよ！
電気流《でんきなが》すよ！
ビシィ
数字《すうじ》の認識《にんしき》など，
計算《けいさん》にまつわることは，
すべてスイッチの
オン・オフで処理《しょり》
されるのであります！
ガシャコン
ガシャコン
オフ！
オン！

電《でん》たくの中《なか》にはたくさんの道《みち》（回路《かいろ》）が組《く》みこまれていて，そこに電気《でんき》が流《なが》れると，すばやく計算《けいさん》ができるしくみになっていますのよ！
便利《べんり》ですな！
プログラムにもとづいて電気《でんき》の精《せい》たちが動《うご》き，瞬時《しゅんじ》に計算《けいさん》できるのです！
150×45
指
1がおされたぞ！
1!!
カシャコン
次《つぎ》は5だ！
イコールは…と！
答《こた》えを出《だ》すぞ！
カシャコン
カシャコン
表示《ひょうじ》するぞ！
ポチィ
一件落着《いっけんらくちゃく》ですわ！
バッ
6750

電《でん》たくも直《なお》ってめでたしめでたし、っと!
カチャャ
カチャャ
カチャ…
お?
あれ?
なんでぃ!バーロー!
計算《けいさん》まちがってるじゃねえか!
またこわれてやがらぁ!
そんなはずは…。
…え?
ガタ ガタッ
ちゃんと計算《けいさん》してますよ!
クワッ
オレっちのせいだってのか!?
電《でん》たくとケンカしてる…。
計算外《けいさんがい》ですわ…。
おしまちがいじゃないんですか!?
上等《じょうとう》でぃ!表《おもて》出《で》ろ!
ブゥゥン

コンピューターって どれくらい速《はや》いの？

コンピューターの大《おお》きな特《とく》ちょうの１つとして，「速《はや》さ」があげられるね。これは，電気《でんき》がコンピューターの中《なか》の回路《かいろ》を通《とお》ることで，プログラムされた仕事《しごと》をものすごい速《はや》さで行《おこな》うことができるからなんだ。2012年《ねん》に完成《かんせい》した『スーパーコンピュータ「京《けい》」』は，１秒間《びょうかん》に１京回《けいかい》（１兆《ちょう》の１万倍《まんばい》）も計算《けいさん》できたんだよ。

10,000,000,000,000,000回（1京回《けいかい》）の計算《けいさん》をしようとすると…

人間《にんげん》であれば

地球上《ちきゅうじょう》の70億人全員《おくにんぜんいん》が１秒間《びょうかん》に１回《かい》，24時間寝《じかんね》ずに計算《けいさん》したとして

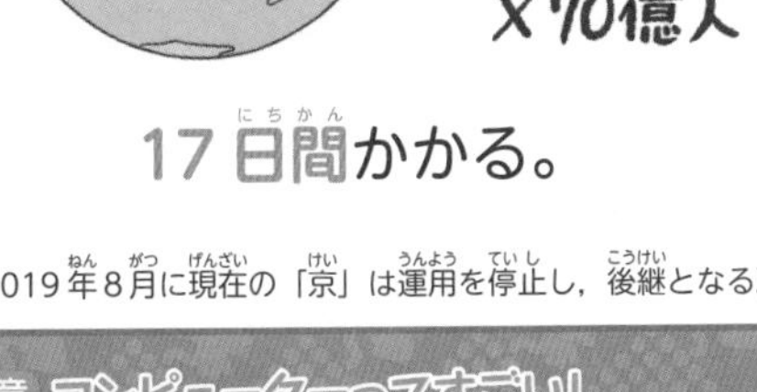

17日間《にちかん》かかる。

「京《けい》」であれば

1秒《びょう》で終了《しゅうりょう》！

※2019年《ねん》8月《がつ》に現在《げんざい》の「京《けい》」は運用《うんよう》を停止《ていし》し，後継《こうけい》となる次世代《じせだい》スーパーコンピューターの開発《かいはつ》が進《すす》められている。

コンピューターはサボらない!

ある日《ひ》の帰《かえ》り道《みち》…。
円治《えんじ》、何《なに》してんの?
めもり!
いいところに来《き》たな!
めもりの同級生《どうきゅうせい》
出田《いでた》円治《えんじ》
と、言《い》いつつ待《ま》ちぶせしていた男《おとこ》
出田《いでた》たいやき本舗《ほんぽ》
うちの店《みせ》、自動《じどう》ドアにしたんだぜ!
・あんこ
・くりむ
・ぶどう
なっ、なに〜。
あれあれ〜? 手久野《てくの》さんちはぁ?
あ〜! まだ手動《しゅどう》なんだぁ。
おっくれってるぅ♪
ガビ〜ン
んなっ!!
バカにされた!!
ビリ
ビリ

円治《えんじ》んちの店《みせ》が自動《じどう》ドアになってた!!
うちも自動《じどう》ドアにしよーよぉ!!
何《なに》言《い》ってやがる!! 自動《じどう》ドアだろうと何《なん》だろうと!!
たこ焼《や》きがうまけりゃ客《きゃく》は来《く》る!!
自動《じどう》ドアね…。
アルゴにちょうどよさそうですわね…。
ねー♪
めもり! そのお店《みせ》に連《つ》れていってくださらない?
ピヨ
いいけど…。

出田《いでた》たいやき本舗《ほんぽ》
ここだよ!
キュピーーーーッ!!
あ! アルゴ!
ヨチヨチィ
タン
またひとつ成長《せいちょう》が進《すす》んだようですわね。母《はは》はウレシイ…
ジーン…
で…! でも…!
つつつ
ヨチヨチ
ヨチヨチ
あぶなーーい!
出田《いでた》たいやき本
ウィイイン…
ズッコン
あんなちっこいアルゴにも反応《はんのう》するなんて…。
思《おも》い返《かえ》せば大変《たいへん》だった…
ジ〜〜〜ン…
夜泣《よな》きの日々《ひび》…
(夜《よ》泣《な》きの日々《ひび》!)
呼《よ》びかけ
ホッ
自動《じどう》ドアってすごいんだねぇ。

自動《じどう》ドアはずっと見《み》ている！

自動《じどう》ドアはこの二人《ふたり》によって操《あやつ》られている!!

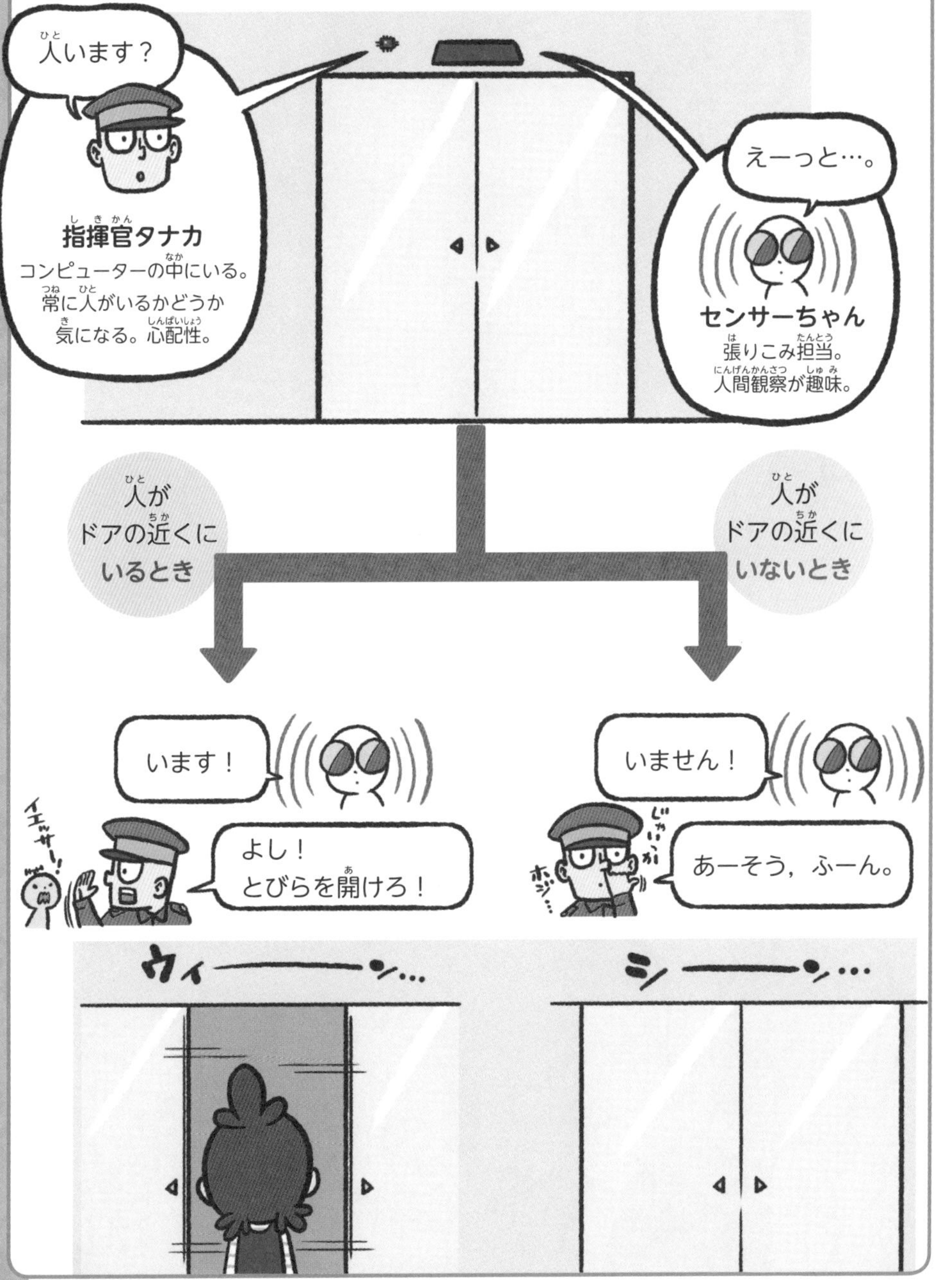
人《ひと》います？
指揮官《しきかん》タナカ
コンピューターの中《なか》にいる。
常《つね》に人《ひと》がいるかどうか
気《き》になる。心配性《しんぱいしょう》。
えーっと…。
センサーちゃん
張《は》りこみ担当《たんとう》。
人間観察《にんげんかんさつ》が趣味《しゅみ》。
人《ひと》が
ドアの近《ちか》くに
いるとき
人《ひと》が
ドアの近《ちか》くに
いないとき
います！
イエッサー！
よし！
とびらを開《あ》けろ！
ウィーーーン…
いません！
ホジ…
あーそう，ふーん。
シーーーン…

なんで店《みせ》に赤《あか》ちゃんが…？
ウイイン…
あ…、円治《えんじ》。
なんだ、またお前《まえ》か。
なにさー
赤《あか》ちゃんを使《つか》ってスパイとはいい度胸《どきょう》…。
!!
？
う…、美《うつく》しい…！
ドッキーン♥
円治《えんじ》、円治《えんじ》！
ちょいと!!
クイクイ
まあ…♥
ポッ…
へ？
ごにょごにょ…
え!? 子持《こも》ち!? そしてイカ!?
そして宇宙人《うちゅうじん》…
いやーん大《お》っきい声《こえ》で言《い》わないでぇ

さーて…。アルゴもハイハイできるようになったことですし…。
キャッ
キャッ
あとは、めもりにお任《まか》せしますわ!
スイー
はあ!?
アルゴのことをよろしくどうぞ〜!
アディオース♪
スタコラサッ!
十分《じゅうぶん》に成長《せいちょう》したら、むかえにきますわ〜!
ちょ…! ちょいいいい!
マ…マジで行《い》っちゃったよ…。
だーっ
急展開《きゅうてんかい》すぎるだろ…。
チラッ
父《とう》ちゃんと母《かあ》ちゃんに何《なん》て言《い》おう…。
はーっ!
これもあなたの成長《せいちょう》のため…!
くぅっ…!
アー〜〜アー
まったくよー…
母《はは》はかげながら見守《みまも》ってますわ…!

ラミンがたこ焼《や》きを好《す》きになった理由《りゆう》

ラミンはなんでたこ焼《や》きを好《す》きになったの？
あれは地球《ちきゅう》へ修学旅行《しゅうがくりょこう》に来《き》たときですわ…。
Ooo
地球《ちきゅう》っておいしそうなものばかりですわ！
なにを食《た》べようかしら？
ラミン（高校生《こうこうせい》）
ムム！
いいにおい！
たこ焼《や》き たこ
10個《こ》入《い》りくださいな！
あいよ！500円《えん》ねー！
500え…、あれ…？
あた
ふた
…あ！
さいふ落《お》とした…！
デ〜〜ン…

なんでい、おじょうちゃん!
一文無《いちもんな》しか?
しゃあねえ、こいつぁサービスだ!
食《く》いな!
おいしーっ♡
なんていう食《た》べものですの?
たこ焼《や》きを知《し》らねえのか!?
星《ほし》に帰《かえ》ってからもあの味《あじ》が忘《わす》れられず…。
かつおぶしがポイントなの?
それともべにしょうがか?
あらゆる文献《ぶんけん》を読《よ》みあさり…。
プログラムを組《く》んでみては失敗《しっぱい》し…。
全《ぜん》然《ぜん》ちがうわ!
メタア…
やはり本場《ほんば》じゃないと…
ようやく、この度《たび》「ヤマタノオロチ」にたどりついたのですわ…。
あの殿方《とのがた》は元気《げんき》かしら?
ウフフフフ♡
ヘックショイ!
っとくらあー!
バーロー!!
声《こえ》に出《だ》しておくれよー…。
おーい…
あたしにも教《おし》えて…

コンピューターは気《き》づかい上手《じょうず》！

ええっ!?
ラミンがアルゴを置《お》いてったぁ!?
十分《じゅうぶん》に成長《せいちょう》してからじゃないと、むかえにこないらしいよ…。
なんてぇこったい…。
アルゴはプログラムに反応《はんのう》して成長《せいちょう》しますの。
しますの… しますの…
ペカー
くんくん
とりあえず外《そと》でいろいろ見《み》てきな!
えーっ!? あたしがぁ!?
おれっちは店《みせ》があるからよ!
なにさー…
なんかうまくおしつけられたような…。
あぷりちゃんちにでも行《い》くかー…。
てくてく
めもりの同《どう》級《きゅう》生《せい》
諏《す》間《ま》保《ほ》あぷり

まだあんなところに…。
ちゃんと動《うご》いているのかな。
なかなか来《こ》ないねぇ…
案《あん》ずるな…、めもり…。
ちゃんと来《く》るように計算《けいさん》ちゃれておる…。
ビクッ
だ…だれ!?
なにを言《い》っておる！シンギュラ星王子《せいおうじ》アルゴちゃまだろうが！
決《き》まっとろうが！
まさかのアルゴ！
そしてなにやらえらそう！
エレベーターもプログラムはちゃれておる！
あら〜…
育《そだ》ったねぇ…
シタッ
世話《せわ》をちてもらってる礼《れい》じゃ！
ア…
アリガトゴザイマス…
母君《ははぎみ》に代《か》わって余《よ》が説明《せつめい》ちてやろう。
よろこべ

エレベーターは気《き》がきく！

エレベーターは，状《じょう》きょうごとに細《こま》かい設定《せってい》がプログラムされていて，きめ細《こま》やかな対応《たいおう》ができるのじゃ！

効率的《こうりつてき》　エレベーターが６階《かい》から１階《かい》におりているとちゅうで，２階《かい》にいる人《ひと》が呼《よ》びボタンをおしたら…

2階《かい》で止《と》まらない場合《ばあい》

6階《かい》
通《とお》り過《す》ぎたから，まずは1階《かい》に行《い》け！
下《した》に行《い》きたい。
2階《かい》
1階《かい》に行《い》きたい！
スイー
指
1階《かい》

2階《かい》で止《と》まる場合《ばあい》

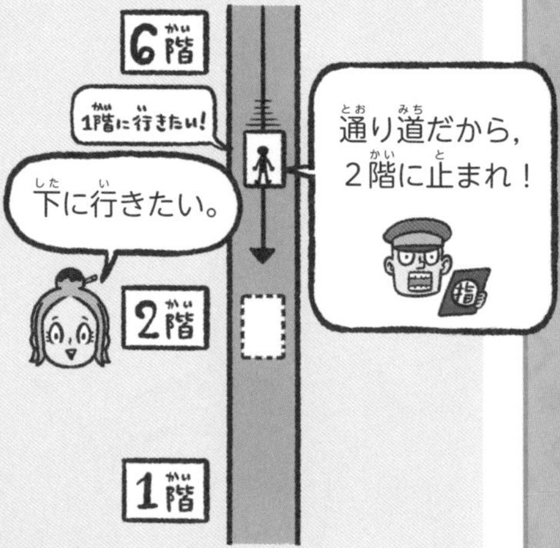
6階《かい》
1階《かい》に行《い》きたい！
通《とお》り道《みち》だから，2階《かい》に止《と》まれ！
下《した》に行《い》きたい。
2階《かい》
指
1階《かい》

状《じょう》きょうに応《おう》じて，最《もっと》も効率的《こうりつてき》な動《うご》きをすることができる。

優先的《ゆうせんてき》 長《なが》く待《ま》っている人《ひと》がいたら…

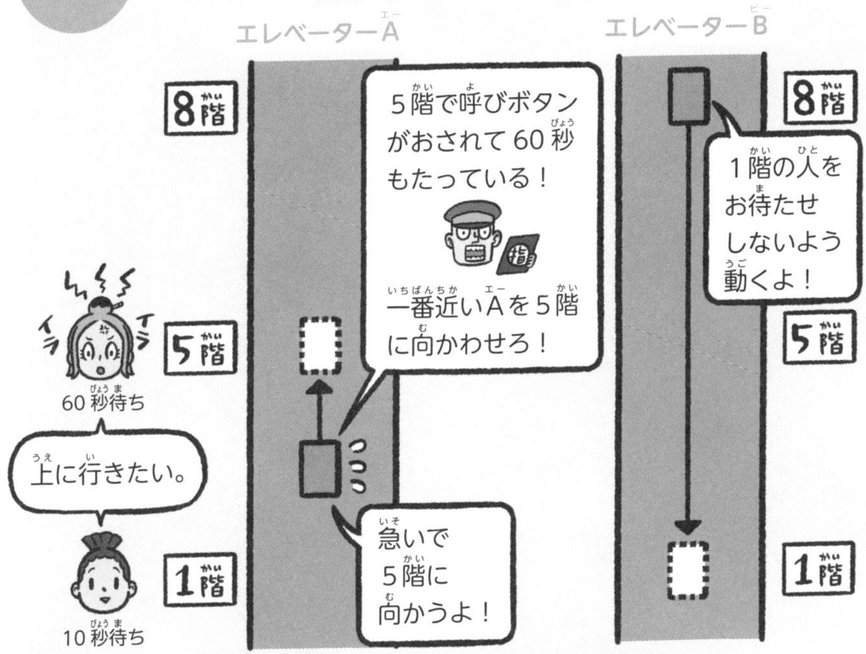
エレベーターA《エー》
エレベーターB《ビー》
8階《かい》
5階《かい》で呼《よ》びボタンがおされて60秒《びょう》もたっている！
指
一番近《いちばんちか》いA《エー》を5階《かい》に向《む》かわせろ！
1階《かい》の人《ひと》をお待《ま》たせしないよう動《うご》くよ！
イラ
イラ
5階《かい》
60秒待《びょうま》ち
上《うえ》に行《い》きたい。
急《いそ》いで5階《かい》に向《む》かうよ！
1階《かい》
10秒待《びょうま》ち
8階《かい》
5階《かい》
1階《かい》

長《なが》く待《ま》つ人《ひと》がいないように，エレベーターをプログラムすることもできる。

危機《きき》管理《かんり》 地《じ》しんが来《き》たら…

う?!
グラ
グラ
にげろー!
ピュ―イ

最寄《もよ》りの階《かい》で停止《ていし》してドアが開《ひら》くように，プログラムされている。

へー。エレベーターって気《き》がきくんだねぇ…。
そうじゃ。
えらい…！えらいわアルゴ！
変装《へんそう》のつもり
ベタ〜ッ
あ、エレベーター来《き》たよ。
チーン♪
行《い》こう、アルゴ。
ん――！
ん――！
え？なにさ？
？
だっこじゃ！だっこせぇ！
ヒエエエエ！
え〜？？
効率的《こうりつてき》だわ！アルゴ！
そしてとっても王子《おうじ》っぽい！
ウィィイイイン…
ぐっ

他《ほか》にもいる！ 気《き》づかい上手《じょうず》

すい飯器《はんき》

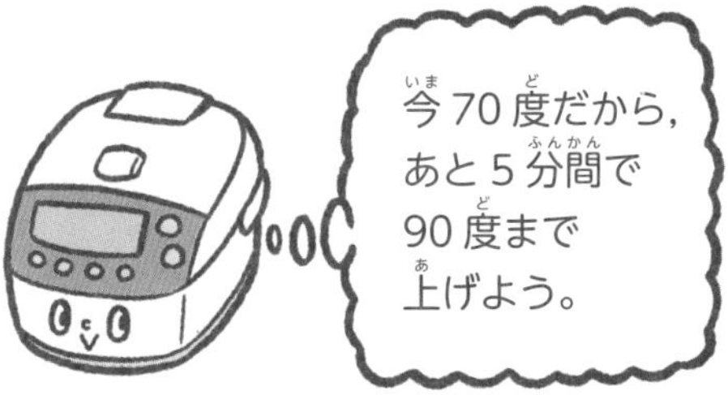
今《いま》70度《ど》だから，
あと5分間《ふんかん》で
90度《ど》まで
上《あ》げよう。

火加減《ひかげん》をしっかりコントロールしてくれるので，いつでもおいしいご飯《はん》がたける。

洗《せん》たく機《き》

ドライモードでニット類《るい》をやさしく洗《あら》うなど，使《つか》い方《かた》のコースごとにプログラムが設定《せってい》されていて，さまざまな素材《そざい》の服《ふく》を洗《あら》うことができる。

「しっかり洗《あら》い
コース」なので，
いつもより長《なが》く
洗《あら》っているよ。

おそうじロボット

おっと，段差《だんさ》だ！
まわれ右《みぎ》！

部屋《へや》の中《なか》を動《うご》きまわって，そうじをしてくれる。家具《かぐ》や段差《だんさ》はセンサーで感知《かんち》して，方向転《ほうこうてん》かんするようにプログラムされている。

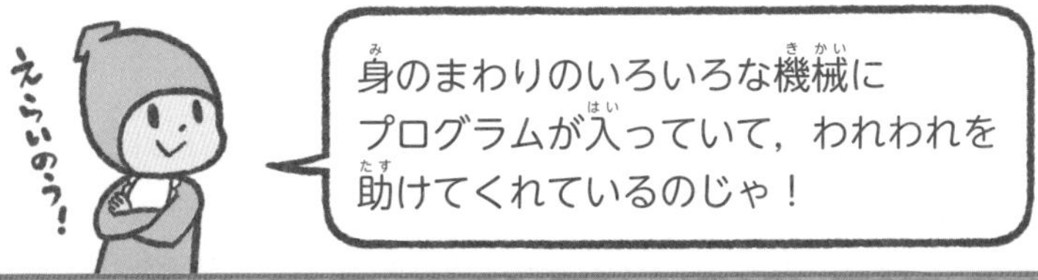
えらいのう！
身《み》のまわりのいろいろな機械《きかい》に
プログラムが入《はい》っていて，われわれを
助《たす》けてくれているのじゃ！

アルバイト日誌《にっし》

オレの夢《ゆめ》は、おやっさんのような一流《いちりゅう》のたこ焼《や》き職人《しょくにん》になること…!
そのために日々《ひび》がんばってます!
でも…。
声《こえ》が小《ちい》さい!
すんません!
ペコリ
ちゃんとそうじしたのか!?
すんません!
ペコリ
毎日《まいにち》のようにしかられて…、
正直《しょうじき》そろそろ限界《げんかい》です…。
ズーーン
なんじゃなんじゃ! なさけないのう!
ピトッ

だれでも慣《な》れないことはうまくいかないものじゃ。
コンピューターも、プログラムちゃれてないことはできないじゃろう?
しゃべれるようになったんすね…
アルゴさん…。
落《お》ちこんでいるヒマなどないぞ!
本当《ほんとう》のお前《まえ》の力《ちから》を見《み》せてみろ!
ウ…ウス!
やい!今日《きょう》はちゃんとそうじしたんだろうな!
すんません!
正直《しょうじき》まだッス!
バキャ
シクシクシクシクシク…
コワーイ…
どしたの?父《とう》ちゃん…
本当《ほんとう》の力《ちから》を見《み》せましたよ!
そういうことじゃないのう…。

コンピューターはすぐ忘《わす》れる？

あふあ…♥
ジュンくん、超《ちょう》かっこよす♥
I《アイ》 LOVE《ラブ》 YOU《ユー》…♥
カモ〜〜ン
んむふー…♥
あぷりちゃん、こんちわー!!
ガチャ!
ビクッ
らあ!!
ちょっと!!
ノックぐらいしてよ!!
っていうかだれ、その子《こ》!
ごめ〜ん★

なーに見《み》てたのさ〜?
え〜?
な…なんでもいいでしょ!
だれなのよその子《こ》は?
パカッ
ってアレ!? …ない!
カタカタカタ
カタ
タータ
データがどこにもない!
カータタタ
今《いま》のしょうげきで…
あの一枚《いちまい》しかなかったのにぃ…!
ピギャアアアアアア
シュンくんとのツーショットが消《き》えちゃったよ〜。
そんなの見《み》てたんだね…
あら〜。
そんな恋《こい》は忘《わす》れて、新《あたら》しい恋《こい》を見《み》つけるんだ!
ベ〜ン
そう、コンピューターのように!
失恋《しつれん》したわけじゃないし!
ちょっとだれなのよ、その子《こ》!
ねえ!

コンピューターはすぐに覚《おぼ》えてすぐに忘《わす》れる？

●記《き》おくするとき

コンピューター

一瞬《いっしゅん》で大量《たいりょう》に記《き》おくできる。

人間《にんげん》

少《すこ》しずつ記《き》おくする。

1467年《ねん》
応仁《おうにん》の乱《らん》
1600年《ねん》
関ヶ原《せきがはら》の戦《たたか》い

え〜っと…
1600年《ねん》
関ヶ原《せきがはら》の戦《たたか》い
社会《しゃかい》

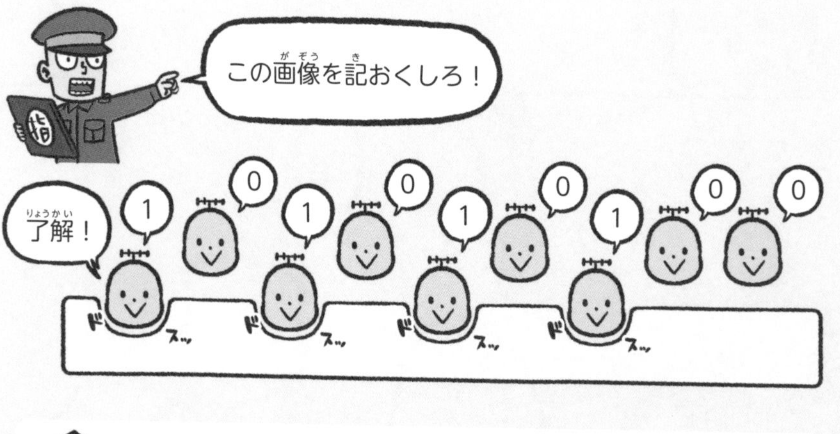

この画像《がぞう》を記《き》おくしろ！
指
了解《りょうかい》！
1
0
1
0
1
0
1
0
0
ド
ズッ
ド
ズッ
ド
ズッ
ド
ズッ

コンピューターは，P.29 にあるように，0 と 1 しか記《き》おくしない。そして，0 と 1 ででこぼこの形《かたち》をつくり，それをデータ（情報《じょうほう》）として認識《にんしき》するよ。データごとに，でこぼこの形《かたち》が異《こと》なるんだ。

●記《き》おくを消去《しょうきょ》するとき

コンピューター

一瞬《いっしゅん》で記《き》おくを
消去《しょうきょ》することができる。

削除《さくじょ》！

一瞬《いっしゅん》でデータが上書《うわが》きされた！

人間《にんげん》

少《すこ》しずつ忘《わす》れる。

失恋当日《しつれんとうじつ》
シュンくん…
パリョーン！
半年後《はんとしご》…
ふぅ…
ボヤァァァ
1年後《ねんご》…
アキオくーん♥
キャー♥
プリーン

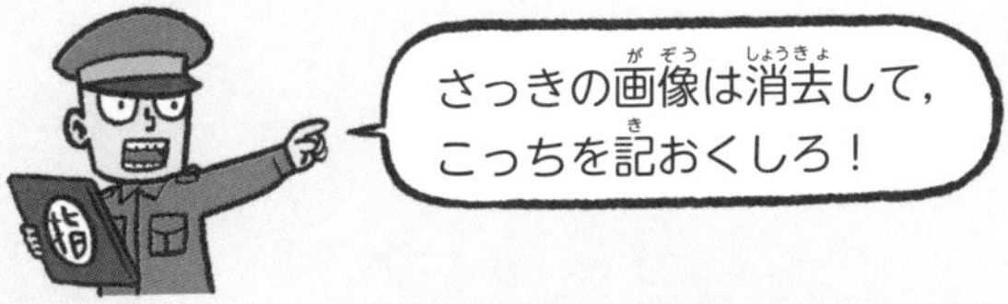

さっきの画像《がぞう》は消去《しょうきょ》して，
こっちを記《き》おくしろ！
指

了解《りょうかい》！
サッ
ドースッ
ドースッ
ドースッ
ドースッ
ドースッ
ドースッ

上書《うわが》きの命令《めいれい》が出《で》ると，でこぼこの形《かたち》が変《か》わり，新《あら》たなデータとして認識《にんしき》されるよ。

なーるほどね★
ティーン
…って、納得《なっとく》できるかぁ!!
わからずやだのぅ…
どーどー…!
あぷりーっ! そろそろそろばん教室《きょうしつ》の時間《じかん》よーっ!
あたしはこれからそろばん教室《きょうしつ》なんだから、もう帰《かえ》ってよね!
は〜い…。
そろ…ばん…??
プシャッ!
だーだー
ガーン
わーっ!! 赤《あか》ちゃん言葉《ことば》にもどっちゃった!!
あぷ
あぷ
そろばんはちょっと古風《こふう》だったかな!?
なんなの…? もう…。
ベッチョリ

※そろばん教室《きょうしつ》に通《かよ》うことは，とてもよいことです（編集部《へんしゅうぶ》より）。

記《き》おくされたデータは
このように利用《りよう》される！

コンピューターは，人間《にんげん》とちがってたくさんの情報《じょうほう》を忘《わす》れずに覚《おぼ》えておくことができる。人間《にんげん》は，その中《なか》から知《し》りたい情報《じょうほう》をいつでも取《と》り出《だ》すことができるんだ。

たとえばインターネットで…

「たこ焼《や》き」「うまい」
「日本一《いち》」と検索《けんさく》！
カチ

インターネットを通《つう》じて，たくさんの情報《じょうほう》が整理《せいり》され，
保管《ほかん》されているデータベースに，アクセスすることができる。

たこ焼き
うまい
日本一

知《し》りたい情報《じょうほう》を手《て》に入《い》れることができる！

検索結果《けんさくけっか》が
たくさん
出《で》てきた！

プログラミングで身《み》に付《つ》く力《ちから》❷
～表現力《ひょうげんりょく》・伝《つた》える力《ちから》～

プログラミングは，正確《せいかく》に指示《しじ》することが必要《ひつよう》！

飲《の》みやすい
温度《おんど》にして
おいて～。
飲《の》みやすい…？
何度《なんど》ですか？
指

ふっとうした
あと，90度《ど》に
保《たも》ち続《つづ》けて。
了解《りょうかい》！
指

わかりやすく説明《せつめい》することは，学校生活《がっこうせいかつ》や，社会《しゃかい》でも役《やく》に立《た》つよ！

それ取《と》って～。
どれよ？
イラァ

すまないね
あたしから見《み》て
右《みぎ》はしにある，
赤《あか》いコップを
あたしにわたして。
キリ！
これね！

3章《しょう》

プログラミングで広《ひろ》がる世界《せかい》

ワクワク映《えい》像《ぞう》体《たい》験《けん》

キーン
コーン
こないだVR《ブイアール》体験《たいけん》しちゃった★
楽《たの》しかったー♪
ぶいあーる??

VR《ブイアール》（バーチャルリアリティー）とは？

コンピューターによって作《つく》られた仮想《かそう》の世界《せかい》を，まるで現実《げんじつ》のように体験《たいけん》できる技術《ぎじゅつ》。ゴーグルのようなディスプレイ（ヘッドマウントディスプレイ）を着《つ》けて体《たい》験《けん》する。

ココにプログラミング！

センサーなどが人《ひと》の動《うご》きを感知《かんち》して，その動《うご》きに合《あ》わせて見《み》える映像《えいぞう》が変《か》わるよう，プログラムが組《く》まれているよ。

右《みぎ》を向《む》いたぞ！
今度《こんど》は下《した》だ！
指
この映《え》像《いぞう》デス！
ハイ！

空《そら》を飛《と》んだの～★
そりゃもうリアルで…
わあ～♪
いいな～。
うちにもVR《ブイアール》ゲームあるぜ！
えー！すごーい！
見《み》せてよ！
もちろんいいぜ！
フフッ♪
出田《いでた》たいやき本舗《ほんぽ》
お待《ま》たせ！
バ～ン
ヘッドマウントディスプレイ
VR《ブイアール》ゲーム
THE《ザ》
たい焼《や》きメーカー
たい焼《や》き…？
思《おも》ってたのとちがうねぇ…。
ガオー
キャー
思《おも》ってたの

トゥトゥトゥトゥ♪
デ～デレ～♪
ツマンネ！
スチャ…
ガ～ン
VR《ブイアール》って いったら もっとこう…、スペクタクルな さあ！
なんで たい焼《や》きな わけ!?
くぅぅ…!
ほっ！
よっ！
ピコ ピコ
コツを つかんだ かも！
ツマんないけど
じょうちゃん！ なかなか 筋《すじ》がいい じゃねえの。
うちの店《みせ》、つがねえか？
どうよ？
円《えん》治《じ》の父《ちち》
出《いで》田《た》飛《とび》男《お》
あざーす！
弁《よう》ちゃん… オレというものが ありながら…
ガビンチョ
あのゲームで 筋《すじ》とかわかんの？

ヤマタノオロチ
めもりはどうした?
出田《いでた》さんちだってさー。
ぶいあーるがどうとか…
なにィ!? 出田《いでた》んとこだとぉ!?

VR《ブイアール》は，こんなふうに活用《かつよう》されているよ！

医《い》療《りょう》

手術《しゅじゅつ》の練習《れんしゅう》

旅行《りょこう》・観光《かんこう》

実際《じっさい》には行《い》っていない
場所《ばしょ》への旅行体験《りょこうたいけん》

スポーツ

スポーツの
イメージ
トレーニング

リアルな体験《たいけん》ができるという特《とく》ちょうを生《い》かして，ゲームだけでなく，いろいろなことに活用《かつよう》されておるのじゃ！

めもりぃ！帰《かえ》るぞ！
いつまで油売《あぶらう》ってんだ!?
ガチャ
父《とう》ちゃん！
む！手《て》久《く》野《の》んとこの！
なんでぃ、なんでぃ。子《こ》どもが楽《たの》しく遊《あそ》んでるってのによ～。
せせこましい大人《おとな》にはなりたくないもんだな～。
はーっ
やだやだ…
イラァッ
VR…
キラ－ン
なにおぅ!?
説明《せつめい》しよう！二人《ふたり》は学生時代《がくせいじだい》からのライバルなのだ!!
やるってのか!?
バチバチィ
勝負《しょうぶ》だ!!
サッ
ササッ
はあっ!!
とおっ!!
………。
シラ――…

※ 視力《しりょく》の健全《けんぜん》な育成《いくせい》のため，13歳未満《さいみまん》のＶＲ《ブイアール》ゴーグルの装着《そうちゃく》は，保護者《ほごしゃ》の責任《せきにん》でご利用《りよう》ください。

あぷりの妄想《もうそう》

ジュンくん…。ずっと前《まえ》から好《す》きでした♥
うれしいな♪
ぼくもさ、あぷりちゃん！今度《こんど》デートしようよ！
イイイヤッホオオう!!
たまんねええ♥
VR《ブイアール》か…。
幸《しあわ》せそうだねぇ…。
たのしそ…

AR《エーアール》って何《なに》？？

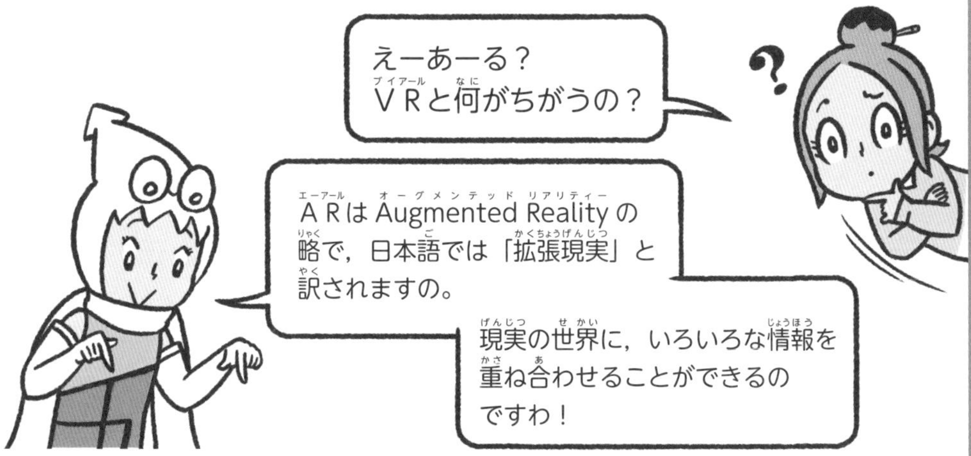
えーあーる？
ＶＲ《ブイアール》と何《なに》がちがうの？
ＡＲ《エーアール》はAugmented Reality《オーグメンテッド リアリティー》の略《りゃく》で，日本語《ご》では「拡張現実《かくちょうげんじつ》」と訳《やく》されますの。
現実《げんじつ》の世界《せかい》に，いろいろな情報《じょうほう》を重《かさ》ね合《あ》わせることができるのですわ！

ＶＲ《ブイアール》とＡＲ《エーアール》のちがい

ＶＲ《ブイアール》

ガラ〜ン

ＶＲ《ブイアール》は，リアリティーのある「仮想現実《かそうげんじつ》」を見《み》ることができる。

ＡＲ《エーアール》

ＡＲ《エーアール》は，現実世界《げんじつせかい》で見《み》えているものに映像《えいぞう》を重《かさ》ねて，映《うつ》し出《だ》すことができる。

AR《エーアール》でできること！

見《み》ている風景《ふうけい》に指示《しじ》を重《かさ》ねて，道案内《みちあんない》をしてくれる！

左《ひだり》に曲《ま》がってください
ウム！

メイクや洋服《ようふく》のシミュレーションができる！

プププ！
どーお？

外国語《がいこくご》をほん訳《やく》できる！

EXIT《エグジット》
出《で》口《ぐち》
ほう

ＡＲ《エーアール》を使《つか》ったゲームなども，人気《にんき》を集《あつ》めてますわ！

ヤマタノオロチ対《たい》出田《いでた》たい焼《や》き本舗《ほんぽ》
仁義《じんぎ》なき戦《たたか》い

ヤマタノオロチと出田《いでた》たい焼《や》き本舗《ほんぽ》…。
常《つね》にライバル関係《かんけい》にあり、お互《たが》いを意識《いしき》しまくっているのだ!
バチ
バチ
バチ
バチ
ようち園《えん》時代《じだい》
おゆうぎかい
ももたろう
ももたろうはボクっちだ!
いーやボクだ!
本番中《ほんばんちゅう》だよう…
小学校《しょうがっこう》時代《じだい》
キーン
コーン
もう日《ひ》が暮《く》れるよー
大人《おとな》になってから…。
買《か》いつけ用《よう》にトラック買《か》ったぜ!
わざわざ見《み》せにくんなっつーの!

そんなある日《ひ》…。
アオーン!
何《なに》い!?
もう生《う》まれるだぁ!?
予《よ》定《てい》日《び》より早《はや》いじゃねーか!!
こんな時間《じかん》に電車《でんしゃ》なんてねーぞ!?
ザ…
仕方《しかた》ねーな!
乗《の》りな!
出田《いでた》…。
じ〜〜ん…
こうして無事《ぶじ》、めもりの誕生《たんじょう》に立《た》ち会《あ》えたのだ!
円治《えんじ》が生《う》まれるのは、その3か月後《げつご》のことである…。
なんの話《はなし》してんだよ…!
なんだかんだで仲《なか》いいよね…、この二人《ふたり》…。
台《だい》本《ほん》

コンピューターと会《かい》話《わ》してみよう

サァァァァ…
めもりのやつ、子守《こも》りをおしつけやがって…。
あぷりちゃんち行ってくるねー♪
アルゴをよろしくー♪
バイバーイ♪
こないだのフクシュウか〜？
今日《きょう》は雨《あめ》だしよー…。
サァァァ
雨《あめ》だと、たこ焼《や》きの焼《や》け具合《ぐあい》がビミョーなんだよなぁ〜…。
シナ〜…
おーい、母《かあ》ちゃん！ 明日《あす》の天気《てんき》はどうでぃ？
ノリノリ中《ちゅう》か…
ドゥーン♪
ドゥーン♪
ドゥーン♪
……。
ムシかー…
しょんぼり…
ええい！ スマホに話《はな》しかけてみろ！
うお！
なんでぃ？ おめえ話《はな》せるのか!?

スマホだあ？
明日《あす》の天《てん》気《き》はどーよ？
ポン♪
晴《は》れです。お出《で》かけびよりです。
おお〜っ！
最近《さいきん》のスマホはやさしいなぁ。話《はな》しかけたら答《こた》えてくれるんだもんよぉ。
当《あ》たり前《まえ》な気《き》がちゅるが…。
日《ひ》ごろからよほどムシちゃれておるのだな…
きっと中《なか》にはべっぴんさんがいるにちげえねえ！
ご用件《ようけん》をどうぞ♥
そしてアホじゃな…
では、中《なか》に入《はい》って自分《じぶん》の目《め》で確《たし》かめるがよい！
ウハハハハ…
キャアアアア!!
ズズズズ
なんでオレのときは、こんなにこえーんだ!?

フワーー
電気《でんき》の精《せい》だらけ!?
おっと!
ビュン
ジャマっす!
いそがしいんだから!
見学《けんがく》ならあとにしてくれっす!
ひっ!
っっっ
すんません…!
全然《ぜんぜん》やさしくなかった…。
パリョーーン
しくしくしくしく
みんないそがちいから仕方《しかた》なかろう…。
どんまーい…

なぜコンピューターと会話《かいわ》できるの？

スマートフォンなどの音声《おんせい》アシスタントサービスでは，さまざまな質問《しつもん》についての回答《かいとう》パターンが用意《ようい》されていて，適切《てきせつ》な返事《へんじ》をするようにプログラムされているんだよ。

明日《あす》の天気《てんき》は？
インターネットで調《しら》べて！
ハイ！
晴《は》れです。
ポ
●●●とメモして。
メモのアプリを起動《きどう》させて，メモして！
ハイ！
メモしました。
ポ
明日《あす》の朝《あさ》，6時《じ》に起《お》こして。
時計《とけい》アプリを起動《きどう》させて，アラームかけて！
ハイ！
設定《せってい》しました。
ポ

どんなことを話《はな》しかけられるかわからねえから、大変《たいへん》だな～…。
パキ
テキ
パキ
テキ
AI《エーアイ》技術《ぎじゅつ》のタマモノだのう。
えーあい…??
ええっ⁉
愛《あい》⁉

AI《エーアイ》って何《なに》？

AI《エーアイ》は「Artificial Intelligence《アーティフィシャル インテリジェンス》」の略《りゃく》。日本語《ご》では人工知能《じんこうちのう》というよ。コンピューターにさまざまなことを学習《がくしゅう》させることで，まるで人間《にんげん》の知能《ちのう》のような働《はたら》きをもたせることができるんだ。AI《エーアイ》技術《ぎじゅつ》は，すでにいろいろな家電《かでん》にも活用《かつよう》されているよ。

オーブンレンジ

話《はな》しかけるだけで，操作《そうさ》やこんだてのアドバイスをしてくれる。

エアコン

使用者《しようしゃ》が好《この》む設定《せってい》温度《おんど》を覚《おぼ》えて，自《じ》動的《どうてき》に温度《おんど》調整《ちょうせい》をしてくれる。

テレビ

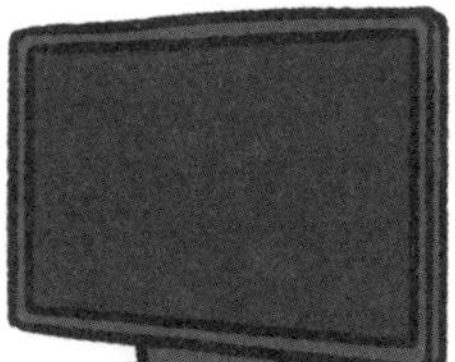

見《み》た番組《ばんぐみ》のりれきから，使用者《しようしゃ》が好《この》む番組《ばんぐみ》を提案《ていあん》してくれる。

まあ、我々《われわれ》にまかせてもらえれば良《よ》いということですな！
プログラムで動《うご》いてますが
シュタッ！
職人魂《しょくにんだましい》を感《かん》じる…。
なにやら…
さ！そろそろ帰《かえ》ろうぞー。
あいつらなら信用《しんよう》できるかもしれねえ…。
シュウウウウウ
？
たっだいまー★
ん？
ブッ
ブッ
最近《さいきん》、めもりがなかなか話《はなし》をしてくれなくなっちまってよー…。
どーしたらいいんだ…
ブッ
ブッ
ポーン♪
すみません。よくわかりません。
ちょ！父《とう》ちゃん、どーしたのさ⁉
さっきからずっとあの調子《ちょうし》じゃ！
お前《まえ》が相手《あいて》してやらんからぁ！

あぷりの恋《こい》のお悩《なや》み相談室《そうだんしつ》

ちょっと気《き》になる人《ひと》がいて…。
なーによーぅ★ 水《みず》くさい！
恋《こい》の病《やまい》ならこの恋《こい》のカリスマ、諏《す》間《ま》保《ほ》あぷりにおーまかせよーぅ★
恋《こい》のカリスマねぇ～…。
聞《き》いたことないけど…
プスー！
恋《こい》なんてプログラミングと一緒《いっしょ》！
順次《じゅんじ》
あぷりです
一緒《いっしょ》に給食《きゅうしょく》食《た》べよー！♪
どこかに出《で》かけない？
分岐《ぶんき》
おしてみる
ぐい～～っ
よければもっとおしてみる
サー…
だめならちょっと引《ひ》いてみる
くり返《かえ》し
好《す》き♥
好《す》き♥
好《す》き♥
順次《じゅんじ》・分岐《ぶんき》・くり返《かえ》しをおさえればいいのよ！
はあ…。
プスー…

で？　相手《あいて》はどんな子《こ》なわけ？
聞《き》かせてみ？
んーっと…。
イカみたいな宇宙人《うちゅうじん》で、子持《こも》ち。
ずいぶんマニアックね…。
イカみたいな宇宙人《うちゅうじん》で…、子持《こも》ち…。
ウババ
チキュウ
ジット
かの女《じょ》です!!
とれたてです！
ヌターー…
ハーイ…。イカみたいな宇宙人《うちゅうじん》の子持《こも》ちの子《こ》とは…、
どうやったら仲《なか》よくなれる？
ポーン♪
すみません。よくわかりません。
オイ！今《いま》、変《へん》な想像《そうぞう》しただろ？
ムキー！
結局《けっきょく》、音声《おんせい》アシスタントに聞《き》いてんじゃないのさ…。
ヒリィ

コンピューターで、くらしがますます便《べん》利《り》に！

めもり！ロケットに乗《の》れ。シンギュラ星《せい》を案内《あんない》ちてやろう！
ヨロコベ！
とつ然《ぜん》なにさ？
あれ〜〜！
バビュ〜〜ン
ここが我《わ》が星《ほし》シンギュラじゃ！
すご〜い！
自動運転《じどううんてん》はラクね〜♪
キィ――ン
ハラへったなー
MENU
プシュー
取出口
調理《ちょうり》カンリョウ！
あらペスちゃんおさんぽ？
アン！
そうだよト、言《い》ッテイマス
プログラミングやAI《エーアイ》技術《ぎじゅつ》の発達《はったつ》で、我《わ》が星《ほし》のくらしは地球《ちきゅう》に比《くら》べてとても便利《べんり》になっておる。
へぇ〜。

ゴ
よっと!
タッ
ギャ!
こっちじゃ。
!
テテテー
シンギュラ星人《せいじん》
デハナイ
生体反応《せいたいはんのう》ヲ確認《かくにん》!
バタ
ひゃあああ!
おろしてぇ〜!
ジタ
はなせ。
それは余《よ》の
客人《きゃくじん》じゃ。
失礼《しつれい》シマシタ。
ぐあっ!
ドテッ
アルゴ様《さま》、
お帰《かえ》りなさいませ。
お帰《かえ》りなさいませ〜
ウィイイイン

な未来《みらい》をつくり出《だ》す!?

自動運転《じどううんてん》の自動車《じどうしゃ》

人間《にんげん》の代《か》わりに，コンピューターが状《じょう》きょうを判断《はんだん》して運転《うんてん》する自《じ》動車《どうしゃ》。日本では，すでに実用化《じつようか》に向《む》けた実験《じっけん》が始《はじ》まっている。そのうち，すべての自動車《じどうしゃ》が自動運転《じどううんてん》になるかもね！

無人店舗《むじんてんぽ》

店員《てんいん》がいなくても，どのお客《きゃく》さんがどの商品《しょうひん》を買《か》ったのかをセンサーで感知《かんち》し，あらかじめ登録《とうろく》しておいた方法《ほうほう》で，代金《だいきん》を支払《しはら》うお店《みせ》。海外《かいがい》では実用化《じつようか》されているところもある。

プログラミングは，こん

顔認証《かおにんしょう》をいかしたサービス

人《ひと》の顔《かお》を見《み》分《わ》ける顔認証《かおにんしょう》システムのことを，聞《き》いたことがある人《ひと》もいるかな？　オフィスへの入退室《にゅうたいしつ》などですでに実用化《じつようか》されているよ。今後《こんご》は，入店《にゅうてん》してきた人《ひと》の外見《がいけん》を見《み》て，その人《ひと》にぴったりのコーディネートやヘアスタイルを提案《ていあん》するなど，さらにシステムが発展《はってん》していくかも!?

さらには…

家事《かじ》などの基本動作《きほんどうさ》や使用者《しようしゃ》の好《この》みを覚《おぼ》えさせておくことで，家事《かじ》全《ぜん》ぱんを完《かん》ぺきにこなす万能《ばんのう》ロボットができるかも!?

万能《ばんのう》家事《かじ》ロボくんα《アルファ》

洗《せん》たくの方法《ほうほう》，手順《てじゅん》
たくさんのレシピ
使用者《しようしゃ》の食《た》べ物《もの》の好《この》み
使用者《しようしゃ》のふだんの体温《たいおん》や体調《たいちょう》

コンピューターにいろいろなことを学習《がくしゅう》させておくことで，今《いま》まで人間《にんげん》がやっていた仕事《しごと》をコンピューターが代《か》わりにすることが可能《かのう》になるんだ！

アルゴの部屋《へや》
明日《あす》の天気《てんき》です
お風呂《ふろ》がわきました
シャー
ウィイイン
ホログラムパズルはじめる
そ茶《ちゃ》ですが。
おかまいなく…
あ、どうも…。
めもり！久《ひさ》しぶりですわね！
シュン…！
ラミン！
いきなり!?
ンマァ！ めもり！アルゴが全然《ぜんぜん》成長《せいちょう》してないじゃありませんの！
そんなはずは…!!
ビヤアアアアア！
あれ!?
さっきまで歩《ある》いてたのに！
うそぉ!?

バツとしてイカスミかまゆでのけいですわ！
キーー！
いやよぉぉぉ！
わぷ！
ボイン！
めぇもぉりぃ〜…！
ゴゴゴゴ
ギャアアア
はわわ…
めもり！
めもり！
起《お》きんか！めもり！
散歩《さんぽ》にちゅれていけぇ！
うーーん…
こらアルゴ！うなされてるじゃねえか…！
やめたげろ！
なかよしね〜

コンピューターをかしこく使《つか》おう！

へいらっしゃい！
じゅ〜〜っ
ふー！っ
なんで父《とう》ちゃまはたこ焼《や》き作《づく》りを自動化《じどうか》ちないんだ？
コンピューターロボットで焼《や》けばラクだろうに。
んー…。
そうねぇ…。なんでだろ？
よち！余《よ》がシンギュラ星《せい》にたこ焼《や》き用《よう》ロボットを注文《ちゅうもん》ちておいてやる！
プログラム次第《しだい》で自在《じざい》に動《うご》く！
万能型《ばんのうがた》ロボット『シュバイン』
母君《ははぎみ》も喜《よろこ》ぶぞ
その前《まえ》に父《とう》ちゃまの作《つく》り方《かた》をコピーちて…。
ピーーッ
コピーライト
端末《たんまつ》で注文書《ちゅうもんしょ》といっちょに送信《そうしん》ちゅれば完了《かんりょう》じゃ！
たこ焼《や》き用《よう》ロボットねぇ…。
ご注文《ちゅうもん》をうけたまわりました。
シンギュラ星《せい》携帯端末《けいたいたんまつ》『イカートフォン』

その夜《よる》…
チワーッス！
お届《とど》けものでーす！
来《き》たっ！
パラー
パッ
万能型《ばんのうがた》ロボット
『シュバイン』!!
父《とう》ちゃまの動《うご》きは
コピー済《ず》み
じゃ！
ハーイ!
さっそく作《つく》って
もらおうぞ！
サササーッ
カチャ
カチャ
手際《てぎわ》がいい！
ヘイ！
オ待《ま》チ！
バスン！
父《とう》ちゃんが
作《つく》ったのと
そっくり…！
すごーい！
ホントね…。

はむっ…
おいしい…？
う〜ん…。
でもなにかちがうような…。
あったりめぇよ！
フフン！
オレっちはその日《ひ》の気温《きおん》やしつ度《ど》、
SHITSUDO
はたまた風向《かざむ》きによって微妙《びみょう》に焼《や》き加減《かげん》を変《か》えてんだ。
KAZAMUKI
KION
あと、気分《きぶん》ね
ソースの味《あじ》も季節《きせつ》によって、
「ヤマタノオロチ」秘伝《ひでん》のソース
少《すこ》しだけこいめとうすめを調整《ちょうせい》してるんだぜ！
マジスカ…
そんな細《こま》かいことちてたのか！

コンピューターが得意《とくい》なこと・苦手《にがて》なこと

得意《とくい》なこと

決《き》められたことを正確《せいかく》にくり返《かえ》すこと。

プログラムされたことであれば，何度《なんど》でもまちがえずに実行《じっこう》することができる。何百《なんびゃく》，何千《なんぜん》というパターンの行動《こうどう》を記《き》おく・学習《がくしゅう》することができる。

苦手《にがて》なこと

臨機応変《りんきおうへん》に対応《たいおう》すること。

プログラムされていることでなければ，コンピューターは対応《たいおう》することができない。

発明《はつめい》をすること。

プログラムされているはん囲内《いない》のことしかできないので，新《あら》たなものを生《う》み出《だ》すことは苦手《にがて》とされている。

コンピューターと上手《じょうず》に共存《きょうぞん》しよう！

「こんなことができるかな？」「こういうことができれば便利《べんり》かも!?」ということを考《かんが》えるのは，あくまでも人間《にんげん》。その実現《じつげん》をお手伝《てつだ》いするのがコンピューターなんだよ！

おばあちゃんにこの花《はな》を見《み》せてあげたいなー♪
ラクに移動《いどう》したいな♪
ワーイ♪
宿題《しゅくだい》をやってもらいたいな♪
家事《かじ》をしてもらいたいな♪
人間《にんげん》が考《かんが》えるのをやめてちまうと，コンピューターの発展《はってん》もなくなってちまう。
コンピューターがあるからといって，あたしたち人間《にんげん》が何《なに》もしなくてよくなるわけじゃないんだねぇ…。
考《かんが》えたことの実現《じつげん》のために，コンピューターへ出《だ》す指示《しじ》がプログラミングなのだぞ。

ペコリ
ソノ職人魂《しょくにんだましい》、勉強《べんきょう》サセテイタダキマシタ!
まあ、お互《たが》いがんばろうや!
言《い》いっこナシだぜ
マジリスペクトッス!
ひしっ
おうよ!
ジ〜〜ン…
人間《にんげん》とコンピューターのきずな…!
なんとすばらちい…。
う!
ドクン!
ううううう…!
ちょっとアルゴ…!?
うわあああああああ!!
ピカァ
エピローグにつづく!!

自《みずか》ら学習《がくしゅう》して
プログラムを改善《かいぜん》する!?

AI《エーアイ》（人工知能《じんこうちのう》）が成功《せいこう》や失敗《しっぱい》のデータを分《ぶん》せきして，成功《せいこう》した結果《けっか》をもとに，さらによいプログラムを作《つく》ることもできる。

じ〜〜
プロの技《わざ》を見《み》てまねをする。
コッチハヤキスギダナ…
コッチハヤケテナイ…
成功《せいこう》や失敗《しっぱい》のデータを解《かい》せきする。
あまい
しょっぱい
すっぱい
にがい
ニガイ…
味《あじ》をくわしく分《ぶん》せきする。
おめえさんやるなぁ！
ウチの若《わか》いのよりスジがいいぜ！
そんな…！
プロのレシピ
秘伝《ひでん》の味《あじ》
ジュー

プログラミングで身《み》に付《つ》く力《ちから》❸
～問題解決力《もんだいかいけつりょく》～

コンピューターがうまく動《うご》かなかったとき，それぞれの指示《しじ》に立《た》ちもどれば，解決策《かいけつさく》が見《み》つかるよ。

❶鉄板《てっぱん》を 160 度《ど》までああたためて。
たい焼《や》きロボ3号《ごう》
了解《りょうかい》!!
❷油《あぶら》をひいて，生地《きじ》を鉄板《てっぱん》に流《なが》しこんで。
❸３分《ぷん》たったら，ひっくり返《かえ》して。
あんまりウマくないな…
なぜうまく焼《や》けなかったのかを考《かんが》える。
ん―…
温度《おんど》がちがう？
手順《てじゅん》がちがう？
何《なに》かが足《た》りない？
❸で焼《や》きすぎたか…。
2分《ふん》にしてみよう。
おいしくなった !!
ホッ
おいしくなった…
おいしくな…

それぞれの指示《しじ》に立《た》ちもどって失敗《しっぱい》の原因《げんいん》を考《かんが》えることは，日常《にちじょう》生活《せいかつ》や社会《しゃかい》でも役《やく》に立《た》つよ。

実《じつ》はもっと ラミンは見《み》ていた！

シンギュラ星《せい》では，他人《たにん》に子《こ》どもをあずけたほうが成長《せいちょう》が早《はや》いといわれていますの…。
でも，アルゴのことが心配《しんぱい》で…。かげながら見守《みまも》っていたのですわ…。
うるり…
新《あたら》しい恋《こい》を見《み》つけるんだ！
だれなのよ、その子《こ》！

いいわよアルゴ！
いつか星《ほし》を治《おさ》めるために
人々《ひとびと》を動《うご》かす力《ちから》を
身《み》に付《つ》けるのです！
散歩《さんぽ》じゃあ！
チワーッス！
お届《とど》けものでーす！
来《き》たっ！

特別編《とくべつへん》！ ゲームを作《つく》ってみよう

何《なに》やってるの？
プログラミングで、ゲームを作《つく》っておるのじゃ！
カタカタカタカタ
おぬしたちもやってみるか？

小学生《しょうがくせい》でもゲームを作《つく》ることができる！

たとえば，“Scratch《スクラッチ》” というプログラミング言語《げんご》を使《つか》えば，小《しょう》学生《がくせい》でも簡単《かんたん》にプログラミングでゲームを作《つく》ることができるよ。

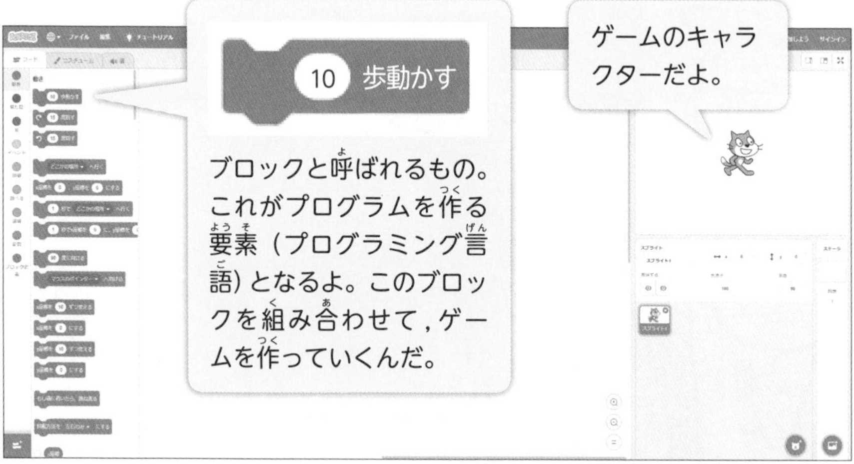

10 歩動かす
ブロックと呼《よ》ばれるもの。これがプログラムを作《つく》る要素《ようそ》（プログラミング言《げん》語《ご》）となるよ。このブロックを組《く》み合《あ》わせて，ゲームを作《つく》っていくんだ。
ゲームのキャラクターだよ。

これが“Scratch《スクラッチ》”の画面《がめん》じゃ。

ブロックがたくさん並《なら》んでるね！P.34で言《い》ってた「順次《じゅんじ》」だよ。

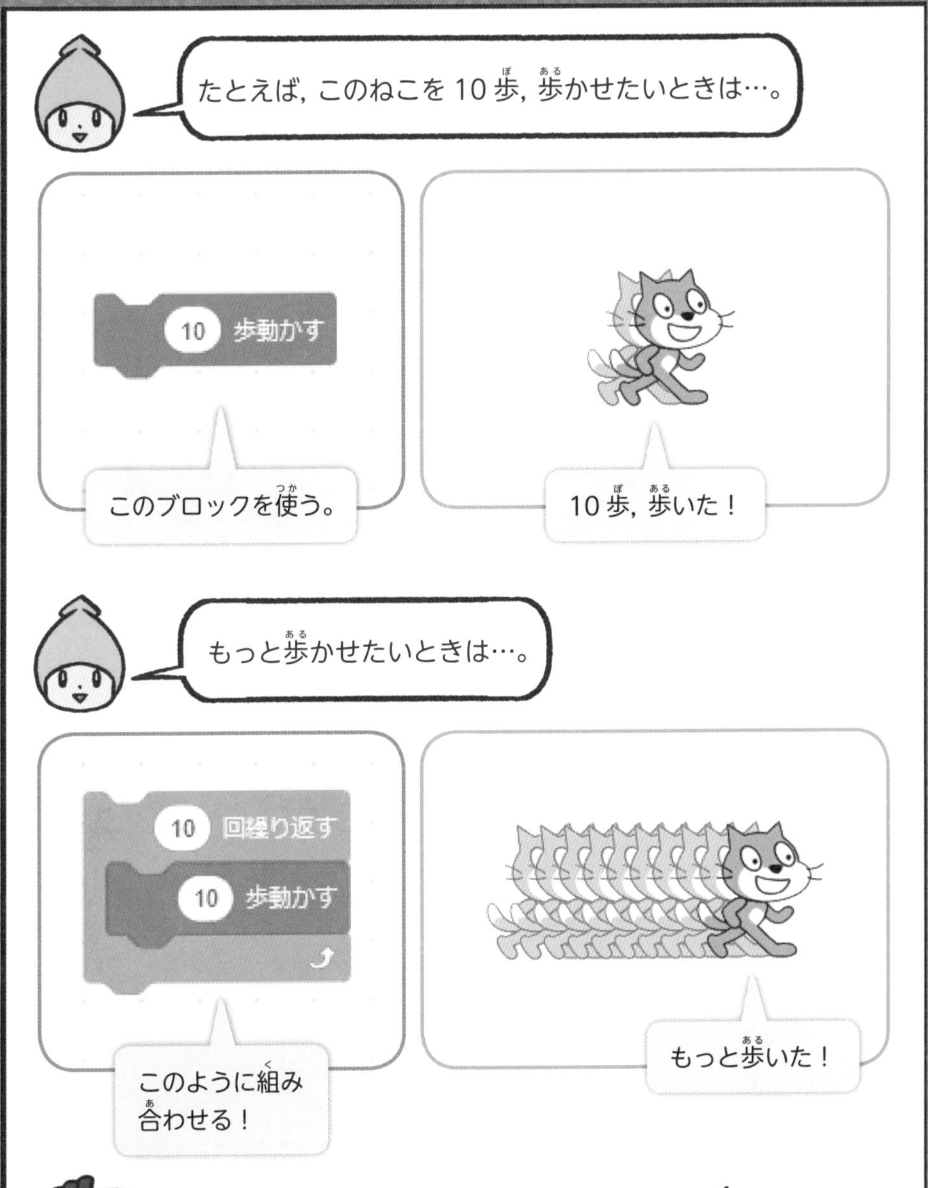
たとえば，このねこを10歩《ぽ》，歩《ある》かせたいときは…。
10 歩動かす
このブロックを使《つか》う。
10歩《ぽ》，歩《ある》いた！
もっと歩《ある》かせたいときは…。
10 回繰り返す
10 歩動かす
このように組《く》み合《あ》わせる！
もっと歩《ある》いた！
これはP.34で言《い》ってた「くり返《かえ》し」だな！
お〜〜♪
ウンウン

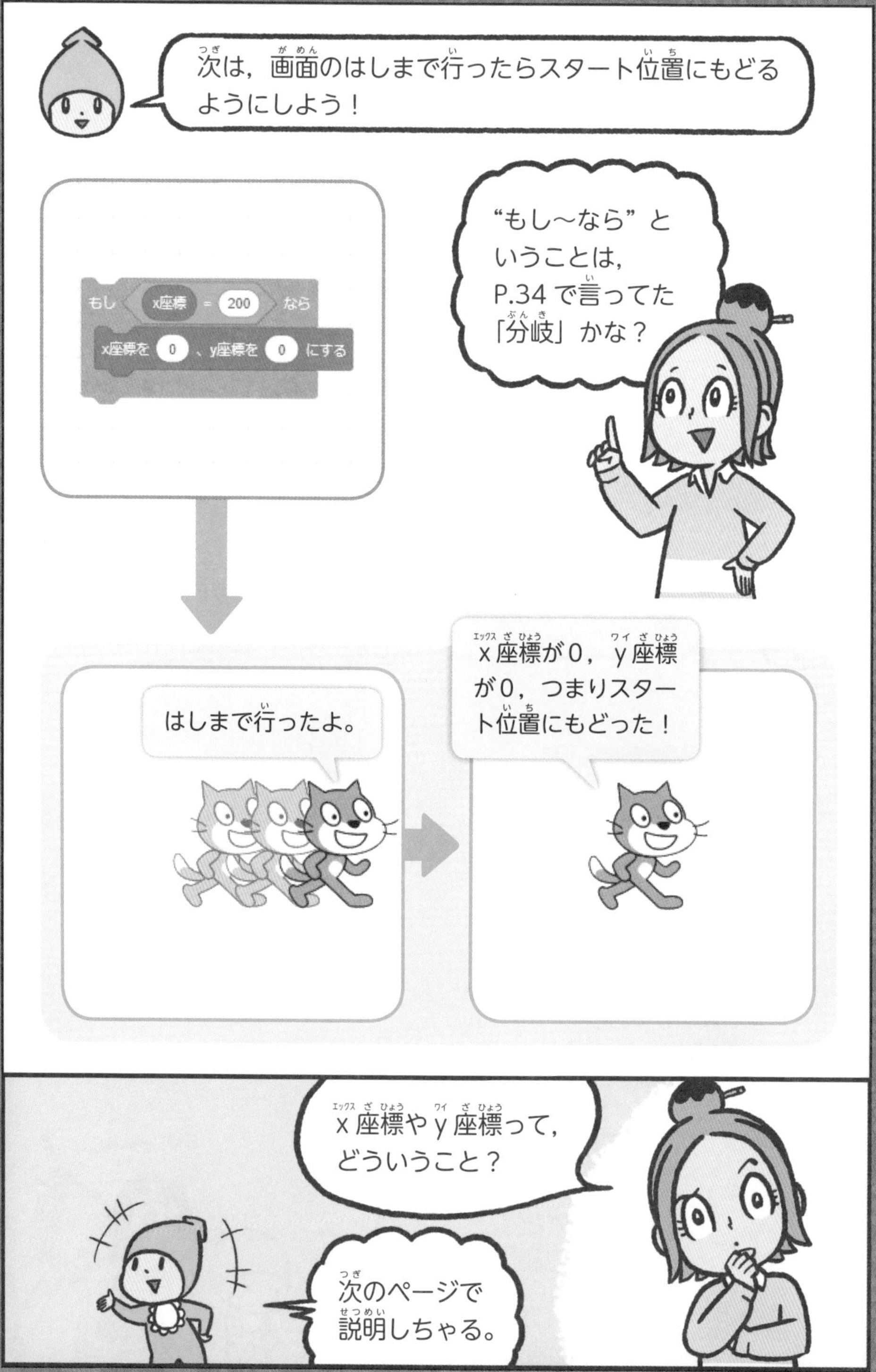

次《つぎ》は，画面《がめん》のはしまで行《い》ったらスタート位置《いち》にもどるようにしよう！
“もし〜なら” ということは，P.34 で言《い》ってた「分岐《ぶんき》」かな？
もし x座標 = 200 なら
x座標を 0 、y座標を 0 にする
はしまで行《い》ったよ。
x《エックス》座標《ざひょう》が0，y《ワイ》座標《ざひょう》が0，つまりスタート位置《いち》にもどった！
x《エックス》座標《ざひょう》やy《ワイ》座標《ざひょう》って，どういうこと？
次《つぎ》のページで説明《せつめい》しちゃる。

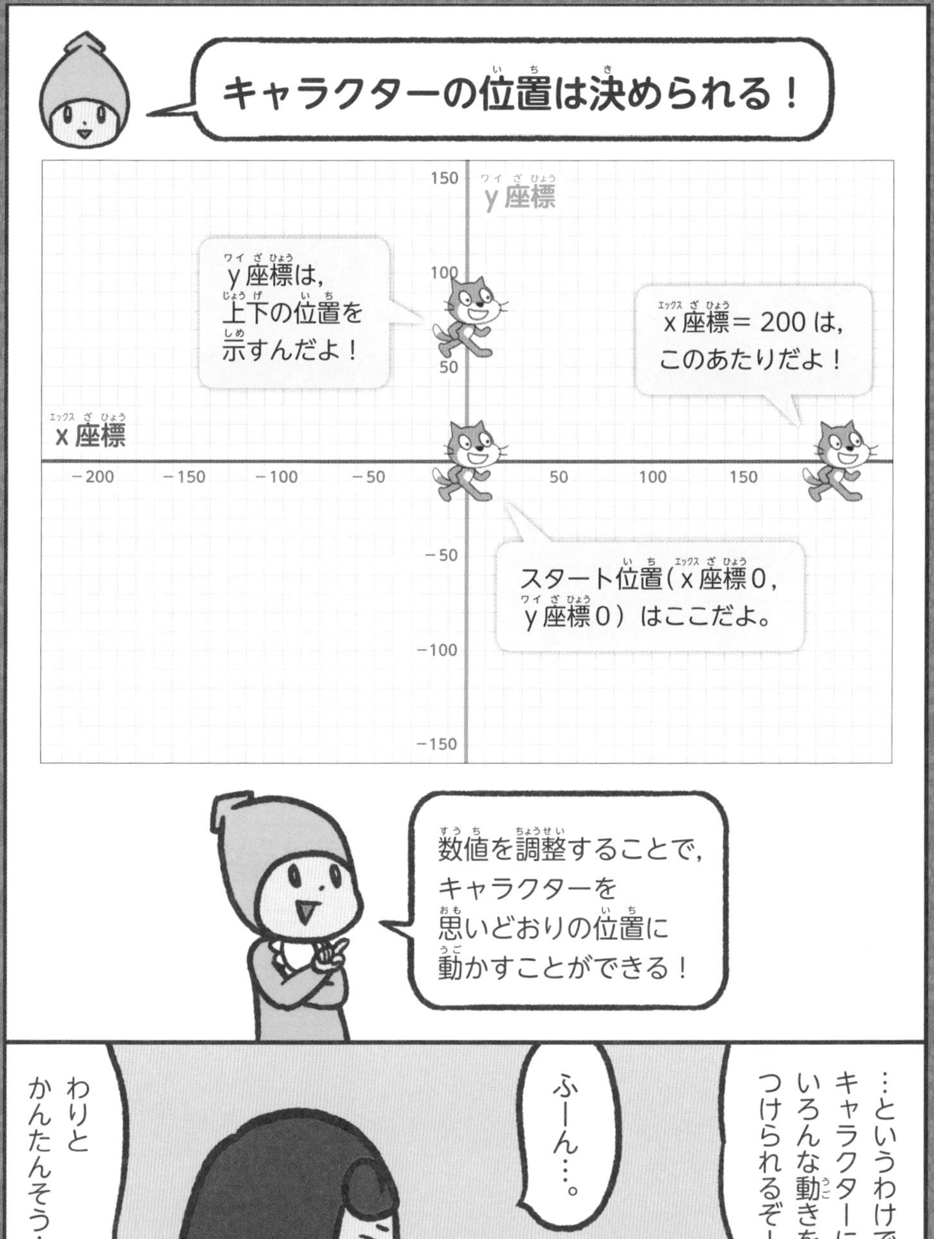
キャラクターの位置《いち》は決《き》められる！
150
y《ワイ》座標《ざひょう》
100
50
−50
−100
−150
x《エックス》座標《ざひょう》
−200
−150
−100
−50
50
100
150
y《ワイ》座標《ざひょう》は，上下《じょうげ》の位置《いち》を示《しめ》すんだよ！
x《エックス》座標《ざひょう》＝200は，このあたりだよ！
スタート位置《いち》（x《エックス》座標《ざひょう》0，y《ワイ》座標《ざひょう》0）はここだよ。
数値《すうち》を調整《ちょうせい》することで，キャラクターを思《おも》いどおりの位置《いち》に動《うご》かすことができる！
…というわけで、キャラクターにいろんな動《うご》きをつけられるぞ！
ふーん…。
わりとかんたんそう…。

たとえば，こんなゲームが作《つく》れちゃう！

岩《いわ》にぶつからないように進《すす》んで，ゴールを目指《めざ》そう！

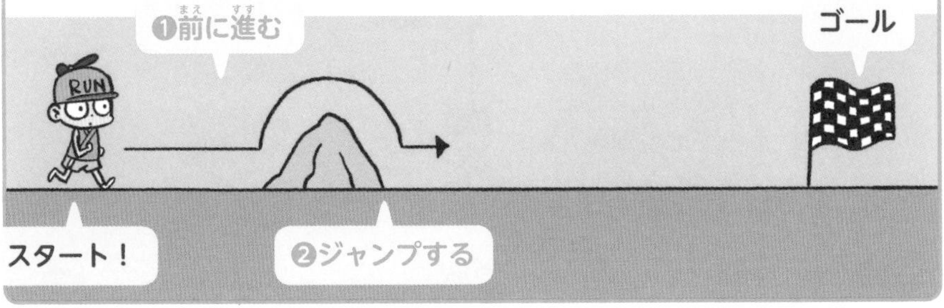

❶前《まえ》に進《すす》む
ゴール
スタート！
❷ジャンプする

❶ スペース キーをおしたときに，前《まえ》に進《すす》むようにする。

進《すす》めぃ！
ポチリ！

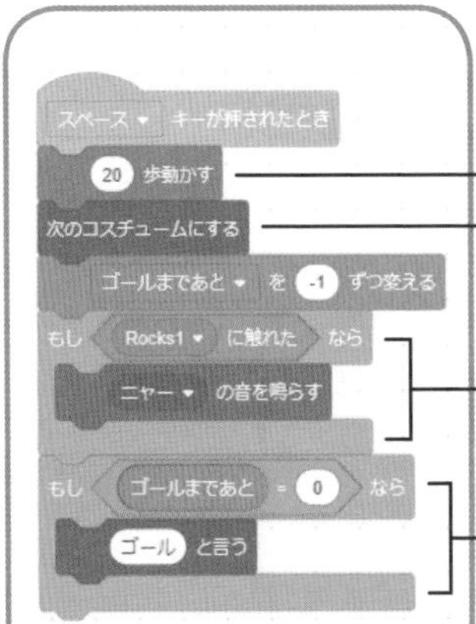

スペース ▾ キーが押されたとき
20 歩動かす
次のコスチュームにする
ゴールまであと ▾ を -1 ずつ変える
もし Rocks1 ▾ に触れた なら
ニャー ▾ の音を鳴らす
もし ゴールまであと = 0 なら
ゴール と言う

前《まえ》に進《すす》む
絵《え》を切《き》りかえる
もし岩《いわ》にぶつかったら，音《おと》を鳴《な》らす ― 分岐《ぶんき》
ゴールしたら，「ゴール」と言《い》う ― 分岐《ぶんき》

“もし〜なら”は分岐《ぶんき》だな！

❷ ⬆ キーをおしたときにジャンプするようにする。

ジャンプ！
ポチリ！

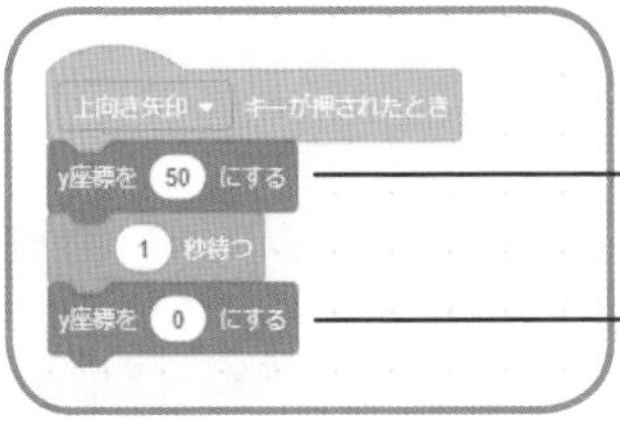

上向き矢印 ▾ キーが押されたとき
y座標を 50 にする
1 秒待つ
y座標を 0 にする

上《うえ》にとびあがる
もとの位置《いち》にもどる
ジャンプをするプログラム

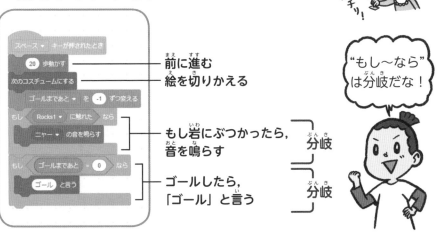

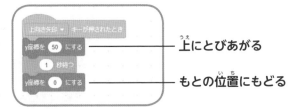

ゲームのスタートとゴールを認識《にんしき》させるためには…
が押されたとき
x座標を -200 、y座標を 0 にする
ゴールまであと ▾ を 20 にする
スタートボタンがおされたら
スタート地点《ちてん》にもどす
をおすと，ゲームがスタートするんだな！
円治《えんじ》くん…。やたら熱心《ねっしん》じゃない？
なんかブツブツ言《い》い出《だ》したねぇ…。
ヤな予感《よかん》…
ブツブツ
新《あたら》しいたい焼《や》きゲームを作《つく》って、大金持《おおがねも》ちになるぞーっ！
たい焼《や》きゲームはもういいよ！
VR《ブイアール》でコリたわ！

知《し》っておきたい
コンピューター用語《ようご》

コンピューター

電気《でんき》の力《ちから》を使《つか》って計算《けいさん》を行《おこな》う機械《きかい》のこと。家庭用《かていよう》の小《ちい》さなものから，業《ぎょう》務用《むよう》の大《おお》きなものまで，まとめてコンピューターという。
個人向《こじんむ》けに作《つく》られたコンピューターのことを「パーソナルコンピューター(パソコン)」という。

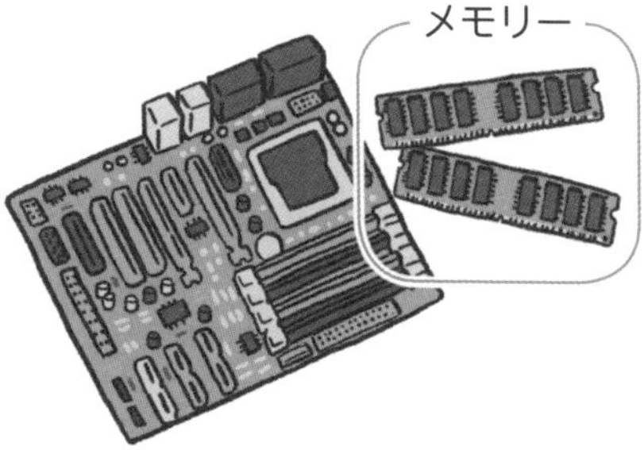

メモリー

コンピューターの中《なか》の部品《ぶひん》のうち，記《き》おく装置《そうち》のこと。パソコンでは，メモリーは一時的《いちじてき》に記《き》おくする部分《ぶぶん》。ハードディスクなどはたくさんのデータを保存《ほぞん》する部分《ぶぶん》。

データ

コンピューターがあつかう情報《じょうほう》のこと。文字《もじ》だけでなく，音《おと》や写真《しゃしん》の情報《じょうほう》などもコンピューターであつかえる。コンピューターは0と1に変換《へんかん》して，データをあつかっている。(➡ p.29)

プログラミング

コンピューターへの指示《しじ》であるプログラム（➡ p.25）を組《く》み立《た》てること。プログラミングでは，コンピューターの種類《しゅるい》や用途《ようと》に合《あ》わせてプログラミング言語《げんご》を使《つか》い分《わ》ける。

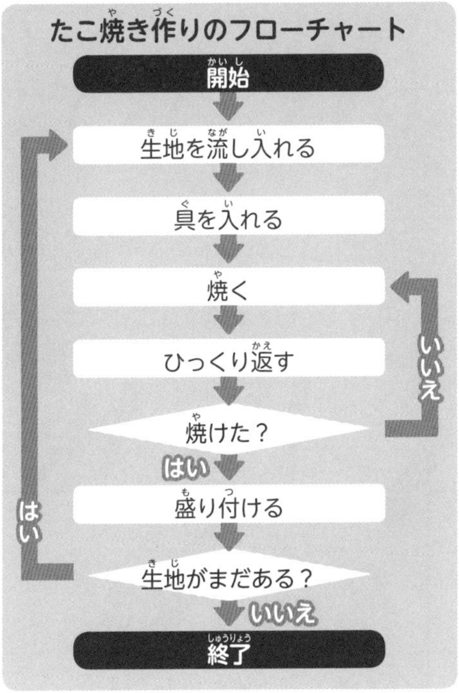
たこ焼《や》き作《づく》りのフローチャート
開始《かいし》
生地《きじ》を流《なが》し入《い》れる
具《ぐ》を入《い》れる
焼《や》く
ひっくり返《かえ》す
焼《や》けた？
いいえ
はい
盛《も》り付《つ》ける
生地《きじ》がまだある？
はい
いいえ
終了《しゅうりょう》

アルゴリズム

プログラミングでのひと続《つづ》きの指示《しじ》・手順《てじゅん》のこと。順次《じゅんじ》・分岐《ぶんき》・くり返《かえ》し（➡p.34）などの指示《しじ》を組《く》み合《あ》わせた，指示《しじ》の流《なが》れのことをさす。流《なが》れがわかるように，アルゴリズムを図《ず》にしたものをフローチャートという。

へぇーー

アプリケーション（アプリ）

ゲーム，メッセージのやりとり，計算《けいさん》，写真加工《しゃしんかこう》など，目的《もくてき》に合《あ》わせて作《つく》られたプログラムのこと。スマートフォン向《む》けに作《つく》られたものの場合《ばあい》，「アプリ」と略《りゃく》していうことが多《おお》い。

ゲーム
メール
カメラ
インターネット

スマートフォン（スマホ）

一般的《いっぱんてき》に，電話《でんわ》やメールだけでなく，ゲームや写真《しゃしん》撮影《さつえい》などもできる高機能《こうきのう》な携帯電話《けいたいでんわ》のこと。

AI《エーアイ》（人工知能《じんこうちのう》）

コンピューターを使《つか》い，人間《にんげん》のように言葉《ことば》を理解《りかい》したり，学習《がくしゅう》したり，判断《はんだん》したりすることができる技術《ぎじゅつ》。

シンギュラリティ

AI《エーアイ》（人工知能《じんこうちのう》）（➡p.88）が人間《にんげん》の知能《ちのう》を超《こ》えること。このとき，人間《にんげん》の生活《せいかつ》に大《おお》きな変化《へんか》が起《お》こると考《かんが》えられている。

うわあああっ!!
えええ!?
ちょっと、なんなのさ!
シュウウウウ
ふう…。
いいあせかいたぜ…!
だれだおめぇ!!

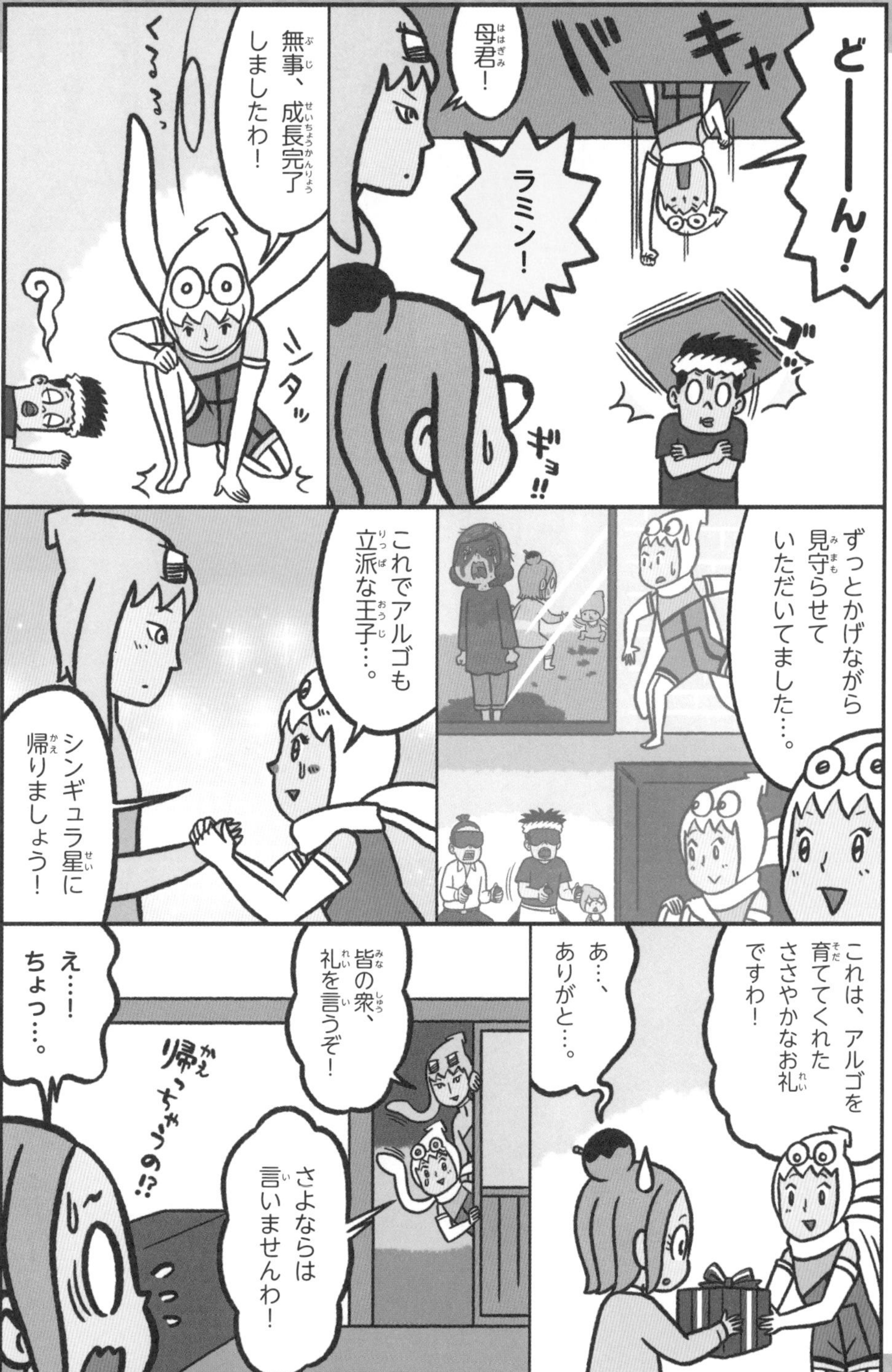
どーーーん!
バキャ
ゴッ
母君《ははぎみ》!
ラミン!
ギョ!!
無事《ぶじ》、成長完了《せいちょうかんりょう》しましたわ!
くるるっ
シタッ
ずっとかげながら見守《みまも》らせていただいてました…。
これでアルゴも立派《りっぱ》な王子《おうじ》…。
シンギュラ星《せい》に帰《かえ》りましょう!
これは、アルゴを育《そだ》ててくれたささやかなお礼《れい》ですわ!
あ…、ありがと…。
皆《みな》の衆《しゅう》、礼《れい》を言《い》うぞ!
さよならは言《い》いませんわ!
帰《かえ》っちゃうの!?
え…!ちょっ…。

また会《あ》えるんだよねぇ!?
バッ
ギャ〜〜!!
ごろん…
そっか…。これは地球人《ちきゅうじん》なりきりボディなんだっけ…。
夜《よる》見《み》ると超《ちょう》こえ〜…
ぐらぁ…
ラミン…。
たっこ焼《や》つき!
たっこ焼《や》つき!
めもりーっ!
行《い》くわよ。
めもり!
めもり
もりもり
めもりもり!

めもり！
記《き》おくの中《なか》の声《こえ》が…まるでそこにいるかのよう…
ジ〜〜ン…
めもりーっ！
めもりっ！
グニュ
いる⁉
⁉
ラミン⁉
なんで⁉
た…、大変《たいへん》ですわ！
ふるふる
宇宙船《うちゅうせん》がこわれてるの、忘《わす》れてましたの…。
だからぁ…。
もじもじ
むかえがくるまで、またしばらくおいてくださいませませ★
余《よ》もな…
えーっ！やだよ！
アルゴがデカくなってんじゃないのさ！
あたしの部屋《へや》に三人《さんにん》も入《はい》らないよ！
帰《かえ》れ！
ぷりっ♪
つつつ
ボクハ…
外《そと》かな…

たこ焼《や》きの千枚通《せんまいどお》し？
思《おも》ったよりアナログなプレゼントだねぇ…
キラッ
純金《じゅんきん》ですわ！
さびませんわよ！